1989 in Deutschland

Ingo Juchler

# 1989 IN DEUTSCHLAND

## SCHAUPLÄTZE DER FRIEDLICHEN REVOLUTION

be.bra verlag

Bibliografische Information der Deutschen Nationalbibliothek
Die Deutsche Nationalbibliothek verzeichnet diese Publikation
in der Deutschen Nationalbibliografie; detaillierte bibliografische
Daten sind im Internet über http://dnb.d-nb.de abrufbar.

© be.bra verlag GmbH
Berlin-Brandenburg, 2019
KulturBrauerei Haus 2
Schönhauser Allee 37, 10435 Berlin
post@bebraverlag.de
Lektorat: Matthias Zimmermann, Berlin
Umschlag: typegerecht, Berlin
Satz: typegerecht, Berlin
Schrift: Milo Serif 10/14 pt
Druck und Bindung: Finidr, Český Těšín
ISBN 978-3-89809-158-9

www.bebraverlag.de

# INHALT

# EINLEITUNG

Die Friedliche Revolution von 1989 stellt eine historische Zäsur dar, die Deutschlands politisch-gesellschaftliche Entwicklung bis heute maßgeblich prägt: Der demokratische Umbruch in der DDR führte zum Fall der Berliner Mauer, beendete die Parteidiktatur der SED und bereitete den Weg zur Vereinigung der beiden deutschen Staaten. Weltweit wurden der Mauerfall und die deutsche Einigung als sinnbildlich für die Aufhebung des Eisernen Vorhangs in Europa wahrgenommen – ein Epochenumbruch, der die weltanschauliche, politische und wirtschaftliche Trennung aufhob, die den Kontinent nach dem Ende des Zweiten Weltkriegs entscheidend bestimmt hatte. Damit war das Tor für den weiteren europäischen Einigungsprozess geöffnet, an dem sich nun auch die mittel- und osteuropäischen Staaten beteiligten konnten. Die Friedliche Revolution von 1989 nimmt im Reigen demokratischer Aufbrüche in Deutschland – die deutsche Revolution von 1848/49, die Novemberrevolution 1918/19, die antiautoritäre Revolte von 1968 – eine herausgehobene Stellung ein.

Nach der bedingungslosen Kapitulation der deutschen Wehrmacht und dem Ende der nationalsozialistischen Diktatur hatten die alliierten Siegermächte des Zweiten Weltkriegs Deutschland in vier Besatzungszonen eingeteilt. In der Sowjetischen Besatzungszone (SBZ) vereinigten sich die Kommunistische Partei Deutschlands (KPD) und die Sozialdemokratische Partei Deutschlands (SPD) zur Sozialistischen Einheitspartei Deutschlands (SED). Die feierliche Vereinigung der beiden Parteien der Arbeiterbewegung war im April 1946 im Ost-Berliner Admiralspalast auf massiven Druck der sowjetischen Militärverwaltung erfolgt. Von der Gründung der DDR am 7. Oktober 1949 an regierte die SED den neuen Staat als Parteidiktatur. Den Ton gaben Funktionäre an, die als deutsche Kommunisten während des Krieges in die Sowjetunion geflohen waren und sich in Moskau als Gruppe Ulbricht formiert hatten. Wolfgang Leonhard, ein Angehöriger der Gruppe, floh 1949 über Jugoslawien in die Bundesrepublik und rechnete in seinem autobiografischen Bericht *Die Revolution entlässt ihre Kinder* mit dem Stalinismus ab. Darin beschreibt er Walter Ulbrichts Anweisung vom Mai 1945, wie künftig in Ostdeutschland die Herrschaft ausgeübt werden sollte: »Es ist doch ganz klar: Es muss demokratisch aussehen, aber wir müssen alles in der Hand haben.« Was den Geist dieser Parteidiktatur ausmachte, kommt im *Lied von der Partei* von Louis Fürnberg treffend zum Ausdruck. Ernst Busch trug es erstmals anlässlich eines festlichen Konzerts für den III. Parteitag der SED im Juli 1950 im Ost-Berliner Friedrichstadtpalast vor:

*Sie hat uns alles gegeben, | Sonne und Wind, und sie geizte nie*
*und wo sie war, war das Leben | und was wir sind, sind wir durch sie.*
*Sie hat uns niemals verlassen, | wenn die Welt fast erfror, war uns warm.*
*Uns führte die Mutter der Massen, | es trug uns ihr mächtiger Arm.*
*(Refrain) Die Partei, die Partei, die hat immer Recht, | Genossen, es bleibt dabei!*
*Denn wer für das Recht kämpft, | hat immer recht, | gegen Lüge und Heuchelei!*
*Wer das Leben beleidigt, | ist immer schlecht. | Wer die Menschheit verteidigt,*
*hat immer recht, | denn aus Leninschem Geist | wächst von Stalin geschweißt*
*die Partei, die Partei, die Partei!*

Dass im real existierenden Sozialismus längst nicht alle Menschen mit den Vorgaben der SED einverstanden waren, wurde im Juni 1953 auf dramatische Weise offensichtlich: Das Zentralkomitee als politisches Entscheidungsorgan der SED hatte am 14. Mai 1953 eine Erhöhung der Arbeitsnormen beschlossen, die faktisch einer Lohnkürzung gleichkam. Diese Normerhöhung führte zu Protesten und am 17. Juni 1953 zu einem Volksaufstand, der nun nicht mehr nur die Rücknahme der Normerhöhung, sondern auch politische Reformen wie freie und geheime Wahlen forderte. Erst durch den massiven Einsatz der Roten Armee konnte der landesweite Aufstand niedergeschlagen werden.

*Demonstration in Dresden beim Volksaufstand vom 17. Juni 1953.*

Die Position der herrschenden SED-Parteiclique wird in einem Artikel von Kurt Barthel deutlich, der wenige Tage nach dem Aufstand im SED-Zentralorgan *Neues Deutschland* erschien. Darin rechnete der Schriftsteller mit den Bauarbeitern der Stalinallee ab, die die Proteste in Ost-Berlin maßgeblich initiiert hatten: »Schämt ihr euch auch so, wie ich mich schäme? Da werdet ihr sehr viel und sehr gut mauern und künftig sehr klug handeln müssen, ehe euch diese Schmach vergessen wird. Zerstörte Häuser reparieren, das ist leicht. Zerstörtes Vertrauen wieder aufrichten ist sehr, sehr schwer.« Bertolt Brecht kommentierte das Schreiben Barthels in seinem Gedicht *Die Lösung:*

*Nach dem Aufstand des 17. Juni | ließ der Sekretär des Schriftstellerverbands in der Stalinallee Flugblätter verteilen, | auf denen zu lesen war, dass das Volk das Vertrauen der Regierung verscherzt habe und es nur durch verdoppelte Arbeit | zurückerobern könne. Wäre es da nicht doch einfacher, die Regierung | löste das Volk auf und | wählte ein anderes?*

An der von Kurt Barthel vorgestellten arrogant-bigotten Haltung der Parteifunktionäre sollte sich bis zum Niedergang der SED nichts ändern. Die Parteidiktatur krankte bis zu ihrer Beendigung durch die Friedliche Revolution an der Unfähigkeit zur Reform ihrer allgegenwärtigen Herrschaft. In den frühen Morgenstunden des 13. August 1961 ließ die DDR-Führung entlang der Sektorengrenze Stacheldrahtverhaue errichten – ein Provisorium, das wenige Tage später durch eine Mauer ersetzt wurde. Doch war der Mauerbau weniger ein Zeichen der Stärke des SED-Regimes als Ausdruck der inneren Schwäche: Der Parteidiktatur war es nicht gelungen, ein für die eigene Bevölkerung attraktives Gesellschaftsmodell mit sozialistischen Vorzeichen umzusetzen und sie für dessen weiteren Aufbau zu gewinnen, im Gegenteil. Die »Abstimmung mit den Füßen« hatte im Zeitraum der Staatsgründung der DDR bis zum Mauerbau zu einer Abwanderung von 2,7 Millionen DDR-Bürgerinnen und Bürgern in die Bundesrepublik geführt. Der Bau der Berliner Mauer war Ausdruck der mangelnden Legitimation des sozialistischen Regimes der DDR. Sie wurde zum augenfälligen Symbol der deutschen Teilung wie des Ost-West-Gegensatzes.

Vielleicht wäre Bewegung in diesen Gegensatz gekommen, wenn Alexander Dubček mit seinen Reformen in der ČSSR erfolgreich gewesen wäre. Doch die militärische Intervention der Warschauer Pakt-Staaten schlug den Prager Frühling im August 1968 blutig nieder. Viele Menschen in der DDR hatten in den Reformbemühungen um einen »Sozialismus mit menschlichem Antlitz« einen Hoffnungsschimmer für politische Veränderungen im eigenen Land gesehen. Entsprechend enttäuscht und wütend war man angesichts des Einmarsches der Truppen in das sozialistische Bruderland. Dagegen protestierten vor allem junge Leute auf vielfältige Weise – und wurden dafür verhaftet.

In den 1970er Jahren entwickelte sich in Jena um die Junge Gemeinde, in der Stadtjugendwart Thomas Auerbach die Offene Arbeit leitete, und Lesekreise wie den von Lutz Rathenow im Kulturhaus Jena-Neulobeda gegründeten Zirkel Literatur & Lyrik peu à peu eine oppositionelle Jugendszene. Die jungen Leute wollten sich Freiräume schaffen von den Gängeleien im Alltag der Diktatur, wanderten in den Bergen rund um Jena, lasen verbotene Bücher wie George Orwells *Farm der*

*Tiere* und *1984*, Alexander Solschenizyns *Der Archipel Gulag*, Wolfgang Leonhards *Die Revolution entlässt ihre Kinder* und Rudolf Bahros *Die Alternative*, hörten Musik von Aretha Franklin, den *Rolling Stones, Deep Purple*, Leonard Cohen, der *Klaus Renft Combo, City*, Wolf Biermann – und von *Ton Steine Scherben:* Die Musik der West-Berliner Anarcho-Band, so Roland Jahn, hat die oppositionelle Jugendszene getragen, weil darin das Leitmotiv »es gibt keine Freiheit, wenn du sie dir nicht nimmst« zum Ausdruck kam – »Freiheit muss man sich nehmen«, danach versuchten viele in der Jenaer Szene zu leben. Matthias Domaschk musste dafür mit dem Leben bezahlen.

Eine breite Welle des Protestes löste die Ausbürgerung des regimekritischen Liedermachers und Dichters Wolf Biermann aus, der mit dem reformkommunistischen Dissidenten Robert Havemann befreundet war. Nachdem die Nachrichtenagentur *ADN* am 16. November 1976 Biermanns Ausbürgerung gemeldet hatte, veröffentlichten am nächsten Tag Christa Wolf, Jurek Becker, Volker Braun, Franz Fühmann, Stephan Hermlin, Stefan Heym, Sarah Kirsch, Günter Kunert, Heiner Müller u. a. die Erklärung der Berliner Künstler. Diese schloss mit den Worten: »Wir protestieren gegen seine Ausbürgerung und bitten darum, die beschlossene Maßnahme zu überdenken.« Die Ausbürgerung des unliebsamen Regimekritikers durch die Staatspartei rief einen Sturm der Empörung hervor und stellte einen wichtigen Markstein auf dem Weg zur Friedlichen Revolution dar.

Auch nach der Ausbürgerung Wolf Biermanns blieb Musik ein wichtiges und ausdrucksstarkes Medium für die Entwicklung der Oppositionsbewegung. Das künstlerische Spektrum reichte von Liedermachern über Blues und Rock bis zum Punk. Von 1979 an wurden in der Samariterkirche unter der Ägide von Pfarrer Rainer Eppelmann Blues-Messen veranstaltet. Da ein reines Blues-Konzert nicht genehmigt worden wäre, hatte man hier eine Mischform von Gottesdienst und Konzert entwickelt, die zusehends mehr junge Leute ansprach, die ansonsten keinen religiösen Bezug hatten. Liedermacher wie Bettina Wegner und Stefan Krawczyk traten – teilweise mit Berufsverbot belegt – ebenfalls unter dem schützenden Dach der evangelischen Kirche auf. Das galt selbst für Punk-Bands. 1987 geriet ein Konzert von *Die*

*Firma* (Ost-Berlin) mit *Element of Crime* (West-Berlin) in der Zionskirche in den medialen Fokus, da die Veranstaltung von rechtsradikalen Skinheads überfallen wurde. Aufgrund der Veröffentlichung des Überfalls durch westliche Medien sah sich die DDR-Führung gezwungen, sich nun mit dem Thema Rechtsradikalismus in der DDR auseinanderzusetzen. Bislang galt die Devise, dass es offiziell im real existierenden Sozialismus keine Neonazis gebe. Dagegen wandten sich in Potsdam junge Leute aus der Punkszene: Nach den Ereignissen in der Zionskirche trafen sie sich regelmäßig im Civil-Waisenhaus und gründeten die erste unabhängige Antifa-Gruppe in der DDR.

Die evangelische Kirche war Ende der 1970er Jahre auch der Ort, wo sich eine unabhängige Friedensbewegung entwickeln konnte. Ein wesentlicher Auslöser hierfür war zunächst die Einführung des Wehrunterrichts 1978, den alle Schüler obligatorisch besuchen mussten. Viele Akteure dieser Bewegung waren später maßgeblich an der Friedlichen Revolution und am Prozess der Vereinigung beteiligt. Wie für die Friedensbewegungen in den westeuropäischen Staaten war für die Friedensinitiativen in der DDR weiterhin die Modernisierung atomarer Mittelstreckenraketen durch die UdSSR und die Aufstellung neuer amerikanischer Nuklearwaffen in Europa im Rahmen des NATO-Doppelbeschlusses vom Dezember 1979 von wesentlicher Bedeutung. In der Bundesrepublik organisierten daraufhin ehemalige Aktivisten der »Kampf dem Atomtod«-Bewegung der 1950er Jahre wie Martin Niemöller und Helmut Ridder mit Vertretern der gerade entstehenden Friedensbewegung wie Petra Kelly und Gert Bastian in Krefeld im November 1980 ein Treffen mit zahlreichen Vertretern von Friedensinitiativen. Daraus ging der *Krefelder Appell* hervor, der sich an die Bundesregierung richtete, die Zustimmung zur Aufstellung atomarer amerikanischer Mittelstreckenwaffen in Westeuropa zurückzuziehen. In Ost-Berlin wandten sich der evangelische Pfarrer Rainer Eppelmann und der reformkommunistische Dissident Robert Havemann im Januar 1982 gleichfalls an ihre Regierung mit der Forderung »Frieden schaffen ohne Waffen«. Ganz Europa müsse, so der *Berliner Appell,* zur atomwaffenfreien Zone werden, weshalb die beiden deutschen Staaten darüber in Verhandlungen treten sollten. In Leipzig wollte die Junge

*Der Liedermacher Stephan Krawczyk bei einem Auftritt während der Friedensdekade 1987 in der Ost-Berliner Samariterkirche.*

Gemeinde Probstheida nicht mehr nur während der Friedensdekade vor dem Buß- und Bettag Friedensgebete abhalten. Auf diese Initiative hin konnten seit September 1982 montags in der Nikolaikirche Friedensgebete durchgeführt werden, die zunehmend auch von oppositionellen Basisgruppen genutzt und letztlich zu einem Grundstein für die Friedliche Revolution im Herbst 1989 wurden.

In Ost-Berlin initiierten Bärbel Bohley, Katja Havemann und Ulrike Poppe 1982 die Gruppe »Frauen für den Frieden«, 1986 gründeten Bärbel Bohley, Martin Böttger, Werner Fischer, Peter Grimm, Ralf Hirsch, Ulrike und Gerd Poppe, Wolfgang Templin und Reinhard Weißhuhn die »Initiative Frieden und Menschenrechte« (IFM) sowie Thomas Klein, Sylvia Müller, Reinhard Schult und Vera Wollenberger (heute Lengsfeld) die marxistisch ausgerichtete Gruppe »Gegenstimmen«. Die IFM orientierte sich an der tschechoslowakischen Bürgerrechtsbewegung »Charta 77«, verstand sich als kirchenunabhängige Gruppe, nahm nach dem Fall der Berliner Mauer am zentralen Runden Tisch teil und bildete zusammen mit den Bürgerrechtsbewegungen Neues Forum (NF) und Demokratie Jetzt (DJ) bei den Wahlen zur Volkskammer im März 1990 das Bündnis 90.

Die unabhängigen Friedensinitiativen entwickelten sich parallel mit einer weiteren oppositionellen Basisbewegung: Vor dem Hintergrund der Atomkatastrophe von Tschernobyl gründeten sich in der DDR zahlreiche Umweltinitiativen, die sich für den Schutz des ökologischen Lebensraums einsetzten. So konnten in Ost-Berlin junge Aktivisten in den Kellerräumen des Gemeindehauses der Zionskirche 1986 eine Umwelt-Bibliothek einrichten, die sich zu einem Zentrum des Widerstandes entwickeln sollte: In der Umwelt-Bibliothek stand von der DDR-Zensurbehörde indizierte Literatur zur Verfügung, fanden oppositionelle Veranstaltungen statt und wurde die Samisdatzeitschrift *Umweltblätter* hergestellt, die auch über Ost-Berlin hinaus in dissidenten Kreisen Verbreitung fand. Im November 1987 versuchte die Stasi mit der »Aktion Falle« die oppositionellen Aktivitäten in der Umwelt-Bibliothek zu unterbinden – ohne Erfolg.

Innerhalb der evangelischen Kirche kam es um die Durchführung des Kirchentages 1987 im Kontext der 750-Jahrfeier Berlins zum Konflikt mit überwiegend jungen kirchlich engagierten Menschen: Um staatlicherseits Goodwill für den Kirchentag in Ost-Berlin zu erreichen, sagte die Kirchenleitung die Friedenswerkstatt und die Blues-Messen ab, da sie der SED ein Dorn im Auge waren. So führten die Basisgruppen parallel zum offiziellen Kirchentag einen Kirchentag von Unten durch, aus dem sich in der Folge die oppositionelle Kirche von Unten (KvU) entwickelte, die zu einem wichtigen politischen Faktor für die Friedliche Revolution werden sollte.

Um sich selbst in eine revolutionäre Traditionslinie zu stellen, ließ die SED alljährlich zum Jahrestag der Ermordung der KPD-Gründer Rosa Luxemburg und Karl Liebknecht eine Demonstration zum Zentralfriedhof Friedrichsfelde veranstalten. 1988 wollte die »Arbeitsgruppe Staatsbürgerschaftsrecht« die offizielle Liebknecht-Luxemburg-Demonstration als Forum nutzen, um auf ihre eigenen Anliegen aufmerksam zu machen: Man verabredete, an der Wegstrecke der Demonstration mit Zitaten von Rosa Luxemburg auf Transparenten die Teilnehmer der Veranstaltung zu irritieren. Der Liedermacher Stefan Krawczyk, seit 1985 mit Auftrittsverbot belegt, wollte mit einem Transparent »Gegen Berufsverbote in der DDR« protestieren.

Doch die Staatsmacht war wachsam: Das Ministerium für Staatssicherheit (MfS) nahm am Rande der inszenierten Liebknecht-Luxemburg-Demonstration etwa 120 Personen fest. MfS-intern wurden diese Maßnahmen als »Aktion Störenfried« bezeichnet. Die Verhaftungen lösten eine Welle von Solidaritätsbekundungen aus. So gaben die KvU, der AKSK, die Gruppe Gegenstimmen, der FK Friedrichsfelde, die UB, die IFM und Punks von der Erlöserkirche am 19. Januar 1988 eine gemeinsame Erklärung ab. Darin forderten sie die Freilassung der Gefangenen, die Einstellung der Ermittlungsverfahren und die Beendigung repressiver Maßnahmen gegen Bürgerrechtler. Eine Koordinierungsgruppe aus Vertretern der Friedens-, Umwelt- und Menschenrechtsbewegung organisierte tägliche Informationsandachten, an denen Hunderte Menschen in zahlreichen Kirchengemeinden teilnahmen. Die Theaterregisseurin Freya Klier, wegen ihres Engagements in der unabhängigen Friedensbewegung mit Berufsverbot belegt, setzte sich mit einer in den Westen geschmuggelten Video-Botschaft für die Freilassung ihres Ehemanns Stefan Krawczyk ein, deren Textversion auch über *Radio Glasnost* verbreitet wurde. Wenige Tage später wurden auch Freya Klier, Bärbel Bohley, Werner Fischer, Ralf Hirsch sowie Regina und Wolfgang Templin verhaftet. Gegen sie wurde wegen Landesverrats ermittelt. Doch lösten diese erneuten Verhaftungen landesweit Solidaritätsveranstaltungen aus. Auch auf der westlichen Seite von Checkpoint Charlie führten Aktivisten der Initiative Freiheit für Andersdenkende für die Inhaftierten am 31. Januar 1988 eine Mahnwache durch. Unter der Androhung hoher Haftstrafen unterschrieben die engagierten Bürgerrechtler Bärbel Bohley, Werner Fischer, Ralf Hirsch, Freya Klier, Stefan Krawczyk sowie Regina und Wolfgang Templin schließlich Ausreiseanträge. Damit hatten die DDR-Behörden der Oppositionsbewegung einen empfindlichen Schlag versetzt. Das MfS registrierte noch bis Anfang Dezember 1989 landesweit oppositionelle Handlungen unter dem Decknamen »Aktion Störenfried«.

Am 7. Mai 1989 fanden in der gesamten DDR die Wahlen der kommunalen Vertreter statt. Dass die turnusgemäß alle fünf Jahre durchgeführten Kommunalwahlen und die Wahlen zur Volkskammer rechtsstaatlich-demokratischen Maßstäben nicht genügten, war zwar in der Bürgerrechtsbewegung unumstritten, konnte aber der SED-Führung bislang nicht nachgewiesen werden. Doch bei der Kommunalwahl am 7. Mai nahmen erstmals Anhänger oppositioneller Gruppierungen ihr durch das Wahlgesetz der DDR verbrieftes Recht auf Wahlbeobachtung wahr. So konnten die Bürgerrechtler den systematischen Wahlbetrug der SED belegen. Die Ergebnisse der Wahlfälschungen wurden landesweit gesammelt, dokumentiert und verbreitet. Durch diese Aktivitäten vernetzten sich die oppositionellen Gruppen stärker und arbeiteten künftig koordiniert zusammen. In Ost-Berlin organisierten Evelyn Zupke, Frank Ebert und andere Engagierte nun an jedem Siebten des Monats eine Demonstration gegen den Wahlbetrug durch die DDR-Führung auf dem Alexanderplatz.

Im Spätsommer des Jahres 1989 gingen die Aktivisten der verschiedenen Menschen- und Bürgerrechtsinitiativen, der KvU, der Friedens- und Umweltbewegung etc. dazu über, sich in Bürgerbewegungen zu organisieren, die den Verlauf der Friedlichen Revolution im Herbst wesentlich prägen sollten: Im September gaben in kurzem zeitlichen Abstand das Neue Forum, Demokratie Jetzt und der Demokratische Aufbruch ihre Gründung bekannt. Die Oppositionsbewegung verfügte nun über Foren, die nicht lokal begrenzt, sondern im gesamten Land vernetzt und aktiv waren. Dadurch erfuhr das demokratische Aufbegehren in der gesamten DDR eine neue Dynamik.

Zu diesem Elan der oppositionellen Kräfte trugen maßgeblich auch Künstler und Intellektuelle bei. So erarbeiteten etwa im Ost-Berliner Jugendclub »Maxim Gorki« landesweit bekannte Rockmusiker und Liedermacher am 18. September 1989 eine Resolution zur Unterstützung des Gründungsaufrufs des NF, die in der Folgezeit bei Auftritten vor großem Publikum auf der Bühne von Musikern verlesen wurde. Die Theater des Landes boten vielfach ein Forum zur Artikulation des Protestes. So verlasen etwa Mitglieder des Staatsschauspiels Dresden nach der Vorstellung am 4. Oktober die Resolution der Rockmusiker und Liedermacher, nachdem es am Hauptbahnhof der Elbestadt vor dem Hintergrund der Schließung der Grenze zur ČSSR und zur Volksrepublik Polen zu gewalttätigen Auseinandersetzungen zwischen Ausreisewilligen und der Polizei gekommen war. Zwei Tage später verfasste das Ensemble des Staatsschauspiels eine eigene Resolution für Dialog, selbstständiges Denken und Reisefreiheit, die fortan nach den Vorstellungen von der Bühne verlesen wurde.

Der 40. Jahrestag der Gründung der DDR am 7. Oktober 1989 bot in vielen Städten Anlass für Protestaktionen und Demonstrationen jenseits der offiziellen Jubelfeiern. Während sich in Ost-Berlin an der Karl-Marx-Allee um 10 Uhr die Politprominenz in Anwesenheit von Michail Gorbatschow bei einer großen Militärparade selbst feierte, wollten Theaterschaffende in Karl-Marx-Stadt eine Lesung mit Texten von DDR-Schriftstellern und des NF im voll besetzten Filmtheater Luxor vornehmen. Doch die Veranstaltung wurde – angeblich wegen Überfüllung – abgesagt, woraufhin die Anwesenden spontan einen schweigenden Demonstrationszug in Richtung Innenstadt vornahmen, der schließlich von Sicherheitskräften aufgelöst wurde. Noch am Abend wurde im Schauspielhaus eine Resolution von Karl-Marx-Städter Schauspielern verlesen, die zum öffentlichen Dialog aufrief. Auch in Ost-Berlin, Leipzig, Potsdam, Dresden, Jena, Magdeburg, Ilmenau, Arnstadt und anderen Städten und Gemeinden kam es zu Demonstrationen und Protestaktionen gegen das SED-Regime. Ein besonders eindrucksvolles Zeichen setzten dabei die Bürger von Plauen – etwa ein Viertel der damaligen Einwohnerschaft ging am 7. Oktober für politische und gesellschaftliche Reformen auf die Straße.

Zwei Tage später wurde die Wende in Leipzig eingeläutet: Nach den montäglichen Friedensgebeten in der Nikolaikirche, der Thomaskirche, der Michaeliskirche und der Evangelisch Reformierten Kirche fanden sich in der Messestadt am Abend des 9. Oktober 1989 etwa 70.000 Menschen zusammen, um unter dem Motto »Wir sind das Volk« friedlich für den politischen Wandel im real existierenden Sozialismus zu demonstrieren. Viele Menschen hatten dabei Angst, in Leipzig könnten Sicherheitskräfte versuchen, eine »chinesische Lösung«, d. h. die gewaltsame Niederschlagung der Protestbewegung,

*Montagsdemonstration auf dem Leipziger Ring am 23. Oktober 1989.*

anzustreben. Doch es blieb friedlich bei der Demonstration der Massen, woran nicht zuletzt die Leipziger Sechs um Kurt Masur mit ihrem Aufruf zur Besonnenheit gehörigen Anteil hatten. Das war allerdings nicht bei allen Montagsdemonstrationen in der Republik der Fall: In Halle etwa gingen die Sicherheitskräfte an diesem Abend massiv gegen Demonstranten vor und führten Dutzende zu.

Künstler und Intellektuelle waren es wiederum, die Ende Oktober und Anfang November 1989 besondere Akzente für die Wende in der DDR setzten. So bot das Deutsche Theater in Ost-Berlin am Abend des 28. Oktober 1989 die Bühne für Walter Jankas Abrechnung mit dem Stalinismus der 1950er Jahre: Ulrich Mühe trug unter großer Anteilnahme des Publikums aus Jankas Publikation *Schwierigkeiten mit der Wahrheit* vor, die im westdeutschen Rowohlt Verlag erschienen war. Am selben Abend führten Kulturschaffende in der Erlöserkirche unter dem Leitsatz »Wider den Schlaf der Vernunft« eine fünfstündige Manifestation »Gegen Gewalt – für Demokratie« durch, die von Tausenden Menschen besucht wurde. Die Protestveranstaltung thematisierte insbesondere auch die Verhaftungen und Übergriffe durch Sicherheitskräfte am 7. und 8. Oktober. Diese waren noch am Abend nach den Feierlichkeiten zum 40. Gründungsjubiläums der DDR, denen auch der Generalsekretär des ZK der KPdSU Michail Gorbatschow beigewohnt hatte, unter massiver Gewaltanwendung gegen Demonstranten vorgegangen.

Theaterschaffende waren es auch, die am 4. November zu einer »Demonstration gegen Gewalt und für verfassungsmäßige Rechte« aufgerufen hatten. So konnten etwa 300.000 Demonstranten auf dem Alexanderplatz und Millionen vor den Fernsehgeräten den Beiträgen von Schriftstellern, Schauspielern, Bürgerrechtlern u. a. folgen, die sich für weitgehende Reformen von Politik, Wirtschaft und Gesellschaft in der DDR einsetzten. Christoph Hein eröffnete seine Rede mit den Worten »liebe mündig gewordene Mitbürger« und erklärte, dass der »Schlaf der Vernunft« durch die »Vernunft der Straße, die Demonstrationen des Volkes« beendet worden sei. In diesem Zusammenhang sei »an erster Stelle Leipzig zu nennen«, weshalb der Schriftsteller vorschlug, »die Stadt Leipzig zur Heldenstadt der DDR zu ernennen«.

Doch trotz der zunehmenden Stärke der Oppositionsbewegung im gesamten Land rechnete kaum jemand damit, dass nur wenige Tage später die Berliner Mauer fallen und damit das Ende der Parteidiktatur eingeläutet werden würde: Am 9. November 1989 gegen 19 Uhr führte Günter Schabowski bei einer Pressekonferenz zu neuen Bestimmungen der Reiseverordnung aus, dass nun »ständige Ausreisen« über »alle Grenzübergangsstellen der DDR zur BRD erfolgen« könnten. Auf die Nachfrage eines Journalisten, ab wann dies gelte, erklärte das Politbüro-Mitglied: »Das tritt nach meiner Kenntnis ... ist das sofort, unverzüglich.« Die westlichen Medien interpretierten diese Formulierung als Ankündigung zur »Grenzöffnung«, woraufhin viele Ost-Berliner, aber auch West-Berliner zu den innerstädtischen Kontrollpunkten gingen, wo tatsächlich im Verlauf der Nacht die Schlagbäume geöffnet wurden. Die Bilder von Abertausenden Berlinern, die ausgelassen den Fall der Mauer feierten, gingen um die Welt. Mit der Friedlichen Revolution war eine neue Ära angebrochen, in Deutschland und in Europa.

Für die Aufarbeitung der SED-Diktatur sollten die Unterlagen des Repressionsapparats der Stasi von eminenter Bedeutung werden. Doch Anfang Dezember 1989 unternahmen die Mitarbeiter der nun in AfNS umbenannten Behörde den Versuch, diese Unterlagen zu vernichten, wovon rauchende Schornsteine in verschiedenen Stasi-Zentralen zeugten. Bürgerrechtsaktivisten vom NF waren alarmiert und forderten in einem Aufruf die Bürger auf, diese Aktivitäten zu verhindern. In Erfurt nahmen Angehörige der Gruppe »Frauen für Veränderung« das Heft des Handelns in die Hand, besetzten am Morgen des 4. Dezember das hiesige MfS/AfNS-Amt und sorgten so für den Erhalt der Akten. Am selben Abend besetzten auch in Leipzig Bürgerrechtler des NF und des DA den Sitz der Bezirksverwaltung der Stasi, die »Runde Ecke«, und beugten so der weiteren Vernichtung von Akten vor. Auch in Rostock und im südthüringischen Suhl schützten engagierte Bürgerrechtler an diesem Tag die Stasi-Akten vor der Beseitigung. Weitere Besetzungen von Stasi-Gebäuden folgten.

Allerdings war dies noch nicht der letzte Akt im Engagement von Bürgerrechtlern im Kampf um die Akten des SED-Unterdrückungsapparats. Bereits bei der ersten Sitzung des zentralen Runden Tisches war die Durchführung freier Wahlen zur Volkskammer beschlossen worden, die am 18. März 1990 stattfanden. Nachdem die Alliierten ihr prinzipielles Einverständnis für die Vereinigung der beiden deutschen Staaten gegeben hatten, wurde nach intensiven Verhandlungen zwischen Vertretern der DDR und der BRD am 31. August 1990 im Kronprinzenpalais der Einigungsvertrag unterzeichnet. Doch bevor schließlich am 3. Oktober 1990 die Wiedervereinigung der beiden deutschen Staaten am Tag der deutschen Einheit gefeiert werden konnte, sorgte der im Einigungsvertrag vorgesehene eingeschränkte Umgang mit den Unterlagen der Stasi bei der Bürgerrechtsbewegung für Empörung, weshalb man am 4. September 1990 die Stasi-Zentrale in Ost-Berlin erneut besetzte. Die Protestaktion hatte Erfolg, denn Joachim Gauck konnte einen Zusatz zum Einigungsvertrag aushandeln, worin geregelt wurde, dass eine eigene Bundesbehörde künftig die Stasi-Akten verwalten sollte. Damit war der Grundstein für eine adäquate Auseinandersetzung mit der Zeit der Parteidiktatur der SED gelegt.

# SCHAUPLÄTZE DER
# FRIEDLICHEN REVOLUTION

# »BALLADE VOM PREUSSISCHEN IKARUS«

## WEIDENDAMMER BRÜCKE, OST-BERLIN

Wolf Biermann gab der Opposition in der DDR seit Mitte der 1960er Jahre eine lyrische Stimme: Der Liedermacher, der als 16-Jähriger von Hamburg in die DDR übersiedelte, an der Humboldt-Universität Mathematik und Philosophie (bei Wolfgang Heise) studierte, von Hanns Eisler gefördert wurde und an Robert Havemanns Ringvorlesung von 1963/64 teilnahm, betätigte sich seit 1963 als freischaffender Künstler. Biermann sah sich selbst als Kommunist, Marxist und Antifaschist – und eckte gleichwohl bei den Machthabern in der DDR an. Auf dem 11. Plenum des ZK im Dezember 1965, dem sogenannten Kahlschlag-Plenum, gab Walter Ulbricht die Richtung für den Umgang mit missliebigen Künstlern vor: »Wir haben nur keine Freiheiten für Verrückte, sonst haben wir absolute Freiheiten überall.« Wolf Biermann, der bereits im Westen veröffentlicht hatte, wurde mit Auftritts- und Publikationsverbot belegt.

Die innere Zerrissenheit des Künstlers, der sich nach wie vor als Kommunist verstand, zugleich mit den realen politisch-gesellschaftlichen Verhältnissen in der DDR heftig haderte und dennoch das Land nicht verlassen wollte, kommt in seiner *Ballade vom preußischen Ikarus* von 1976 zum Ausdruck:

*Da, wo die Friedrichstraße sacht | den Schritt über das Wasser macht*
*da hängt über der Spree | die Weidendammer Brücke. Schön*
*kannst du da Preußens Adler sehn | wenn ich am Geländer steh*
*dann steht da der preußische Ikarus | mit grauen Flügeln aus Eisenguß*
*dem tun seine Arme so weh | er fliegt nicht weg – er stürzt nicht ab*
*macht keinen Wind – und macht nicht schlapp | am Geländer über der Spree.*

*Der Liedermacher Wolf Biermann auf der Weidendammer Brücke in Ost-Berlin.*

Im Herbst 1976 kam Wolf Biermann auf eine von den DDR-Behörden genehmigte Tournee in die Bundesrepublik. Auf Einladung der IG Metall fand das erste Konzert am 13. November in der ausverkauften Kölner Sporthalle vor 6.500 Zuschauern statt. Unter dem Motto *Ich möchte am liebsten weg sein – und bleibe am liebsten hier* wurde der Liederabend vom WDR-Hörfunk live übertragen. Dieses Konzert bot dem Politbüro den willkommenen Anlass, den Regimekritiker drei Tage später auszubürgern. Es folgten heftige Proteste im In- und Ausland. Die Ausbürgerung Biermanns wurde zu einem Fanal für die Entwicklung der Oppositionsbewegung in der DDR.

Wolf Biermann hat zahlreiche Ehrungen und Auszeichnungen erhalten, darunter 1991 den Georg-Büchner-Preis. Er wohnt seit seiner Ausbürgerung wieder in seiner Heimatstadt Hamburg. 2007 wurde Biermann zum Berliner Ehrenbürger ernannt.

Weidendammer Brücke, 10117 Berlin

# »BLUES-MESSEN«

## SAMARITERKIRCHE, OST-BERLIN

Die Samariterkirche in Friedrichshain wurde ab Ende der 1970er Jahre zu einem zentralen Ort der aufkeimenden Oppositionsbewegung in Ost-Berlin. Hier wirkte Rainer Eppelmann als Pfarrer der Samaritergemeinde und als Kreisjugendpfarrer in Friedrichshain. Im Frühsommer 1979 wurde er von dem Bluesmusiker Günter Holwas angesprochen, der auf der Suche nach Räumlichkeiten für ein Blues-Konzert war. Sie vereinbarten ein Benefizkonzert für ein kirchliches Kinderheim, das am 1. Juni 1979 mit einem Jugendgottesdienst in der Samariterkirche stattfand. Die Veranstaltung wurde ein durchschlagender Erfolg: Die Blues-Messe war aus der Taufe gehoben und entwickelte sich bis 1986 zu einer Institution der Renitenz gegen die DDR-Obrigkeit.

Das meist jugendliche Publikum der Blues-Messen in der Samariterkirche gehörte der Szene der Blueser an – junge Leute, die sich nicht von der offiziellen DDR-Kulturpolitik vereinnahmen lassen wollten und einen unkonventionellen Lebensstil vorzogen. Den kulturellen Rahmen für diese emanzipatorische Lebensart boten die Musik, Bücher, Theaterstücke und Filme, die auch in westlichen Staaten die aufsässige Jugend vor und nach 1968 prägten: Hermann Hesses *Steppenwolf*, J. D. Salingers *Fänger im Roggen*, Jack Kerouacs *Unterwegs*, Ken Keseys *Einer flog über das Kuckucksnest* oder Ulrich Plenzdorfs *Die neuen Leiden des jungen W.* und die Platten von Bob Dylan, Crosby, Stills, Nash & Young oder John Lennon. Für die jugendlichen Besucher der Blues-Messen war nicht nur die dort gespielte Musik interessant. Bei den Veranstaltungen kamen auch Themen zur Sprache, die sie politisch umtrieben wie Ökologie, Wehrpflicht und die Friedensbewegung in Ost und West. Die Blues-Messen wurden zu einem Magneten, der

*Die Musiker Günter Holwas und Stefan Diestelmann auf einer Blues-Messe in Ost-Berlin am 4. Juli 1980.*

schließlich bis zu 7.000 Besucher anzog, sodass man auch auf die Er-löserkirche in Rummelsburg und die Friedrichshainer Auferstehungs-kirche ausweichen musste.

Doch nicht nur der DDR-Führung, die die Veranstaltungen stets von der Stasi beobachten ließ, waren die Blues-Messen ein Dorn im Auge. Auch die Kirchenoberen waren von der Präsenz der nicht konformen jungen Leute, die oftmals keinen Bezug zur Kirche hatten, wenig ange-tan. 1986 fand die letzte Blues-Messe statt: Der Bund der Evangelischen Kirchen in der DDR bestand auf der Aussetzung der widerständigen Veranstaltungsreihe, da er die Durchführung des Evangelischen Kir-chentages 1987 in Ost-Berlin vor dem Hintergrund der 750-Jahrfeier der Stadt nicht gefährden wollte.

Samariterkirche, Samariterstraße, 10247 Berlin

# »FELIKS DZIERŻYŃSKI – DER HÄTTE EUCH GLEICH UNTEN IM HOF ERSCHOSSEN«

## UNTERSUCHUNGSHAFTANSTALT DES MINISTERIUMS FÜR STAATSSICHERHEIT, GERA

Im April 1981 erschütterte der Tod des 23-jährigen Matthias Domaschk in der Stasi-Untersuchungshaftanstalt in Gera Oppositionelle in der DDR wie ihre Sympathisanten in der Bundesrepublik. Matthias »Matz« Domaschk gehörte seit Mitte der 1970er Jahre zur regimekritischen Jugendkulturszene in Jena, die sich in der Universitätsstadt zu einem Zentrum der Opposition in der DDR entwickelte: Hier fanden Lesekreise statt, in denen Schriften etwa von Rudolf Bahro diskutiert wurden, Lutz Rathenow und Jürgen Fuchs trugen eigene Texte vor. In der Jungen Gemeinde Stadtmitte konnte man sich über gesellschaftliche und politische Themen frei austauschen, was insbesondere auch Walter Schilling zu verdanken war. Der Theologe hatte seit Ende der 1960er Jahre die Offene Arbeit mit Jugendlichen in Thüringer Kirchengemeinden auf den Weg gebracht und den Jenaer Stadtjugendwart Thomas Auerbach inspiriert. Matthias Domaschk fühlte sich wohl in der systemkritischen subkulturellen Jugendszene. Als Wolf Biermann ausgebürgert wurde, schloss er sich dem Protest Berliner Künstler an, sammelte Unterschriften gegen die Ausbürgerung, wurde deshalb wie viele andere Jenaer Oppositionelle verhaftet und vor dem Abitur relegiert. An Pfingsten 1977 fuhr Domaschk mit seiner Freundin Renate Groß (heute Ellmenreich) nach Prag, um dort Anna Šabatová und Petr Uhl von der Bürgerrechtsbewegung Charta 77 die Ereignisse in Jena zu Protokoll zu geben. Domaschk knüpfte auch Kontakte zur Solidarność, nachdem er während eines Urlaubs im Sommer 1980 in den Masuren von deren Gründung erfahren hatte und mit seinem Freund Peter Rösch nach Danzig gefahren war. Mit Peter Rösch wurde Domaschk auch am 10. April 1981 auf dem Weg zur Feier eines Freundes in Ost-

*Das Gebäude der Untersuchungshaftanstalt in Gera, 1993.*

Berlin am Bahnhof von Jüterbog verhaftet und am 11. April in die Untersuchungshaftanstalt der Stasi nach Gera gebracht. Rösch erinnert sich, wie er dort in ein Vernehmungszimmer geführt und von einem Stasi-Mitarbeiter gefragt wurde, ob er wüsste, wer der Mann auf dem Bild an der Wand sei: »Dann hörte ich, das sei der Gründer der Tscheka, Feliks Dzierżyński. Und während mir noch durch den Kopf schoss, dass der ja als Gründer des sowjetischen Geheimdienstes der erste sozialistische Massenmörder war, sagte der Vernehmer: ›Der hätte nicht so viel Federlesens mit euch gemacht. Der hätte euch gleich unten im Hof erschossen.‹« Am nächsten Mittag war Matthias Domaschk tatsächlich tot: »Selbstmord durch Erhängen«, hieß es offiziell. Die Umstände seines Todes sind bis heute nicht aufgeklärt.

---

Untersuchungshaftanstalt des Ministeriums für Staatssicherheit /
Gedenkstätte Amthordurchgang, Amthordurchgang 9, 07545 Gera

# »IHR SOLLT IN UNSEREN TRÄNEN ERSAUFEN. ES GEHT NICHT SO WEITER IN DIESEM SCHEISSSTAAT«

NORDFRIEDHOF, JENA

Der Tod von Matthias Domaschk war für die jungen Jenaer Oppositionellen ein Schock. Die Trauerfeier wurde bereits vier Tage nach Domaschks Tod an Gründonnerstag, 16. April 1981, um 8 Uhr durchgeführt. Zugangsberechtigt war auf Geheiß der Stasi nur der engste Familienkreis, selbst die Anwesenheit von Domaschks viereinhalbjähriger Tochter Julia war nicht vorgesehen. Durch Zufall erfuhren Domaschks Freunde von dem Termin und gaben ihn in ihrem weiteren Umfeld bekannt, was von der Stasi protokolliert wurde: »Nach Bekanntwerden dieses Termins verbreiteten diese negativ-dekadenten Personen durch mündliche und schriftliche Übermittlungen in ihrem Umgangskreis die Nachricht vom plötzlichen Tod des D. sowie dessen Bestattungstermin.« Am Morgen des 16. April kamen denn auch über 100 Freunde und Bekannte von Matthias Domaschk aus Jena und anderen Städten zum Nordfriedhof und gingen wie in einem Demonstrationszug von der Friedhofskapelle zum Grab, während Stasi-Mitarbeiter Spalier standen. Domaschks Freund Peter Rösch konnte nicht zum Friedhof gelangen – die Stasi hatte ihn just zur Zeit der Trauerfeier zum Verhör abgeholt. Unter den Gästen war die Stimmung von tiefem Scherz und ohnmächtiger Wut geprägt. Als ein Stasi-Mitarbeiter zu einer Freundin Domaschks grinsend sagte: »Nun heul doch nicht, Kleene. Ach, so schöne Tränen«, schrie sie ihm ins Gesicht: »Ihr sollt in unseren Tränen ersaufen. Es geht nicht so weiter in diesem Scheißstaat.«

Für die Jenaer Oppositionsszene bedeutete der Tod von Matthias Domaschk eine Zäsur. Roland Jahn erklärt dazu: »Diese Nachricht hatte eine existenzielle Wucht – wir wussten nun, dass auch der Tod am Ende unserer Auseinandersetzung mit der Diktatur stehen konnte. Sie

*Die Grabstelle von Matthias Domaschk auf dem Nordfriedhof in Jena, April 1981.*

hatten ihn zur Strecke gebracht – einen sanften jungen Mann, der einfach nur anders leben und nicht mitlügen wollte.« Für Jahn persönlich bedeutete der Tod von Matthias Domaschk, dass er sich radikalisierte.

Nach der Friedlichen Revolution begannen die einstigen Systemkritiker damit, der Stasi-Perspektive etwas entgegenzusetzen: In Jena bauten die ehemaligen Bürgerrechtler Katharina Lenski und Uwe Kulisch seit 1991 das Thüringer Archiv für Zeitgeschichte »Matthias Domaschk« auf. Frank Ebert und Tom Sello gründeten in Berlin 1992 aus der Umwelt-Bibliothek heraus das »Matthias-Domaschk-Archiv«, das der Robert-Havemann-Gesellschaft angegliedert wurde. 30 Jahre nach Domaschks ungeklärtem Tod wurde auf dem Jenaer Nordfriedhof für ihn ein Ehrengrab eingeweiht.

Nordfriedhof, Hufelandweg 4, 07743 Jena

# »FRIEDEN SCHAFFEN OHNE WAFFEN«

## GEMEINDESAAL DER SAMARITERKIRCHE, OST-BERLIN

Das nukleare Wettrüsten beiderseits des Eisernen Vorhangs löste Anfang der 1980er Jahre bei vielen Menschen in West und Ost die Furcht vor einem Atomkrieg aus. Als Reaktion auf die Stationierung moderner SS-20-Mittelstreckenraketen durch die Sowjetunion kündigte die NATO an, ebenfalls amerikanische Pershing-II-Raketen in Europa zu stationieren. Dagegen entwickelte sich Widerstand in der Bevölkerung der betroffenen NATO-Staaten. In der Bundesrepublik riefen Aktivisten der Friedensbewegung in ihrem *Krefelder Appell* die Bundesregierung im November 1980 dazu auf, »die Zustimmung zur Stationierung von Pershing-II-Raketen und Marschflugkörpern in Mitteleuropa zurückzuziehen«. In der Folgezeit wurde der *Krefelder Appell* von mehreren Millionen Menschen unterzeichnet.

In Ost-Berlin wollte der evangelische Pfarrer Rainer Eppelmann gleichfalls etwas für den Frieden tun und tat sich dazu mit dem Kommunisten Robert Havemann zusammen: Gemeinsam formulierten sie den *Berliner Appell*, der sich an die Regierung der DDR richtete. Unter dem Titel »Frieden schaffen ohne Waffen« heißt es darin angesichts der Gefahren eines Atomkrieges: »Wenn wir leben wollen, fort mit den Waffen! Und als erstes: Fort mit den Atomwaffen! Ganz Europa muss zur atomwaffenfreien Zone werden. Wir schlagen vor: Verhandlungen zwischen den Regierungen der beiden deutschen Staaten über die Entfernung aller Atomwaffen aus Deutschland.« Öffentlichkeit und Regierung der DDR sollten darüber beraten, »auf Produktion, Verkauf und Einfuhr von sogenanntem Kriegsspielzeug« zu verzichten, »anstelle des Wehrkundeunterrichts an unseren Schulen einen Unterricht über Fragen des Friedens« einzuführen und »anstelle des jetzigen Wehr-

*Pfarrer Rainer Eppelmann (dritter von links) und die Mitglieder des Kirchenrats der Samaritergemeinde, 1984.*

ersatzdienstes für Kriegsdienstverweigerer auch einen sozialen Friedensdienst« zuzulassen.

Rainer Eppelmann unternahm anfangs den Versuch, den *Berliner Appell* innerhalb der evangelischen Kirche zu veröffentlichen. Doch der Sekretär des Bundes der evangelischen Kirchen in der DDR, Manfred Stolpe, lehnte dies mit der Begründung ab, die Kirche wolle keine politische Opposition sein. Deshalb verbreitete Eppelmann den Text zunächst im Anschluss an seinen Gottesdienst im Januar 1982 im Gemeindehaus der Samariterkirche beim Kaffee. Anfang Februar veröffentlichte dann die *Frankfurter Rundschau* den *Berliner Appell*, der einen wichtigen Anstoß zur Herausbildung der unabhängigen Friedensbewegung in der DDR gab.

---

Gemeindehaus der Samariterkirche, Samariterstraße 27, 10247 Berlin

# »SOLIDARNOŚĆ Z POLSKIM NARODEM«

JOHANNISTOR, JENA

In Jena blieb die oppositionelle Jugendszene trotz des ungeklärten Todes von Matthias Domaschk aktiv: Kurz vor dem Jahrestag seines Todes stellte Michael Blumhagen mit Manfred Hildebrandt und Roland Jahn eine Gedenkplastik auf dem Johannisfriedhof auf. Blumhagens Plastik, in dessen Sockel der Name von Matthias Domaschk sowie dessen Geburts- und Todesdatum eingraviert waren, zeigte einen gekrümmt sitzenden, schutzsuchenden Mann. Jahn konnte zwei Tage später Stasi-Angehörige fotografieren, wie sie versuchten, die Skulptur klammheimlich zu entfernen. Doch dem Aktivisten gelang es, die Fotos in den Westen schmuggeln zu lassen, wo sie im *SPIEGEL* veröffentlicht wurden. Ebenfalls anlässlich des Jahrestages von Domaschks Tod ließ Roland Jahn in dem SED-Presseorgan *Volkswacht* (heute *Ostthüringer Zeitung*) und in der *Thüringischen Landeszeitung* (damals Zeitung der LDPD) Annoncen drucken. Nach Erscheinen der Zeitungen schnitt er mit Freunden die Todesanzeigen für Domaschk aus und klebte sie nachts gut sichtbar an Lichtmasten.

Um seine Verbundenheit mit der von der Solidarność angestoßenen Reformbewegung in Polen und seine politischen Hoffnungen zu demonstrieren, fuhr Roland Jahn im Sommer 1982 wochenlang mit einem Fähnchen am Fahrrad durch die Straßen Jenas. Das Fähnchen bestand aus der polnischen Flagge mit der Aufschrift »SOLIDARNOŚĆ Z POLSKIM NARODEM« (Solidarität mit dem polnischen Volk) – ein Zitat aus dem ND, mit dem das SED-Zentralorgan die Verhängung des Kriegsrechts in dem sozialistischen Bruderland begrüßt hatte. Am 1. September 1982 wurde Jahn mit der Begründung verhaftet, »am 31.8.1982, dem 2. Jahrestag der Gründung der Feindeinrichtung Solidarność in

*Demonstration vor dem Johannistor in Jena aus Anlass des Pfingsttreffens der FDJ im Bezirk Gera, 19. Mai 1983. Roland Jahn läuft in der ersten Reihe ganz links.*

der Volksrepublik Polen und am 1.9.1982 eine Missachtung staatlicher Symbole der VR Polen begangen zu haben«, da er mit dem Fähnchen am Fahrrad durch Jena gefahren sei. Während Jahn im Gefängnis saß, gab es zu Beginn des Jahres 1983 in Jena eine Verhaftungswelle. Dagegen organisierten Lutz Rathenow und weitere Oppositionelle Solidaritätsaktionen auch in Westdeutschland. Auf diesen Druck hin wurden die meisten Verhafteten, darunter auch Roland Jahn, im Februar entlassen. Einen Monat später gründeten Jenaer Oppositionelle wie Andreas Friedrich, Ute Hinkeldey, Roland Jahn, Thea und Michael Rost u. a. die Friedensgemeinschaft Jena. Die Oppositionsgruppe agierte bewusst außerhalb des schützenden Dachs der Kirche und suchte mit ihren Aktionen die Öffentlichkeit.

Johannistor, Am Pulverturm, 07743 Jena

# »SCHWERTER ZU PFLUGSCHAREN«

## NIKOLAIKIRCHE, LEIPZIG

In der Leipziger Nikolaikirche fanden seit September 1982 Friedensgebete statt. Sie sollten im Verlauf der Jahre zu einem Grundstein für die Friedliche Revolution im Herbst 1989 werden. Hintergrund der Friedensgebete bildeten die Friedensdekaden, die von den evangelischen Kirchen in Deutschland angesichts des atomaren Wettrüstens seit 1980 jedes Jahr für zehn Tage bis zum Buß- und Bettag veranstaltet wurden. An diesen Tagen wurden in der Nikolaikirche intensiv friedenspolitische Themen diskutiert und Friedensgebete abgehalten. Doch im März 1982 erklärte die Junge Gemeinde Probstheida um Diakon Günter Johannsen gegenüber Superintendent Friedrich Magirius: »Wir können nicht warten, bis es wieder Herbst wird.« Der Kirchenvorstand willigte ein, sodass die Junge Gemeinde im September 1982 erstmals ein Friedensgebet in der Nikolaikirche außerhalb der Friedensdekade durchführen konnte.

Rasch entwickelten sich die Friedensgebete der Jungen Gemeinde zu einer Institution: Nach der Friedensdekade im November 1982 veranstaltete die Junge Gemeinde nun jeden Montag ein Friedensgebet in eigener Verantwortung. Zu ihrem Symbol wurde der Schriftzug »Schwerter zu Pflugscharen« um die Skulptur des Bildhauers Jewgeni Wutschetitsch: Ein Mann mit einem Hammer schmiedet ein Schwert zur Pflugscharen. Nikita Chruschtschow hatte 1959 eine Kopie der Plastik der UNO in New York als Geschenk überreicht. Doch Wutschetitschs Skulptur sollte auch zur Friedensarbeit in der Praxis genutzt werden: Der sächsische Landesjugendpfarrer Harald Bretschneider wählte für die erste Friedensdekade das Motto »Schwerter zu Pflugscharen« und ließ ein Lesezeichen mit diesem Motto um Wutschetitschs Skulptur

*Dieses Zeichen über dem Eingang der Leipziger Nikolaikirche lud bis zum Herbst 1989 zu den regelmäßigen Friedensgebeten ein.*

herstellen, das in hunderttausendfacher Ausfertigung den Materialien für die Friedensdekade aller Landeskirchen in der DDR beigelegt wurde. Das Motto mit der Skulptur wurde zum Sinnbild für die unabhängige Friedensbewegung in der DDR.

Die montäglichen Friedensgebete in der Nikolaikirche wurden ab Mitte der 1980er Jahre verstärkt von Basisgruppen genutzt, die im Umfeld der Kirche entstanden waren. So konnten regimekritische Initiativen wie die Arbeitsgruppe Menschenrechte (AGM), der Arbeitskreis Gerechtigkeit und Frauen für den Frieden dort ihre politischen Positionen vorbringen. Koordiniert wurden diese Aktivitäten von Pfarrer Christoph Wonneberger. Er sollte für die Friedliche Revolution in Leipzig eine zentrale Rolle spielen.

Nikolaikirche, Nikolaikirchhof 3, 04109 Leipzig

# »NUR EINE ATOMWAFFEN-FREIE DDR IST EIN BEITRAG ZU EINEM ATOMWAFFENFREIEN EUROPA«

## AUFERSTEHUNGSKIRCHE, OST-BERLIN

In der DDR entwickelten sich unter dem schützenden Dach der evangelischen Kirche staatlich unabhängige Friedensgruppen. Im März 1982 leistete die SED-Führung einen besonderen Beitrag zur Friedenssicherung und zur Gleichstellung von Frauen in der DDR: Schon im Fall der Mobilmachung konnten nun auch diensttaugliche Frauen im Alter von 18 bis 50 Jahren zum Armeedienst einberufen werden. Dagegen regte sich jedoch schnell Widerstand, insbesondere von Frauen: In Ost-Berlin fanden sie sich um Bärbel Bohley, Katja Havemann und Ulrike Poppe innerhalb der unabhängigen Friedensbewegung zusammen und initiierten die Gruppe »Frauen für den Frieden«. Ihrem Selbstverständnis nach waren sie Teil der internationalen Friedensbewegung und betrachteten sich als blockübergreifende Initiative, die Kontakte zu Gruppen gleichen Namens im Westen suchte.

Die Verbundenheit mit der internationalen Friedensbewegung zeigte sich im September 1983: Anfang August waren Frauen von West-Berlin aus zu einem Friedensmarsch nach Genf aufgebrochen. Dort fand am 17. September eine Frauenkonferenz zur Abrüstung statt, an der sich Parlamentarierinnen aus den fünf Ländern beteiligten, in denen die NATO Mittelstreckenraketen stationierte. Zeitgleich wurde in der Auferstehungskirche in Zusammenarbeit mit der Pastorin Christa Sengespeick ein Gemeindetag unter dem Motto »Frauen für den Frieden« durchgeführt, an dem sich etwa 400 Frauen und 50 Männer beteiligten. Gegen Abend hielten die Anwesenden ein »politisches Nachtgebet«, das in der Tradition der »politischen Nachtgebete« stand, die erstmals in Köln um die evangelische Theologin und Schriftstellerin Dorothee Sölle im Kontext des Vietnamkrieges praktiziert worden

*»Frauen für den Frieden« bei der Friedenswerkstatt in der Ost-Berliner Erlöserkirche am 3. Juli 1983: Barbe Linke, Katja Havemann und Gisela Metz (von links nach rechts).*

waren. Zum Abschluss des Gebets verlasen die »Frauen für den Frieden« einen Brief an die Teilnehmerinnen des Friedensmarsches nach Genf und legten ihre Position zur etwaigen nuklearen Aufrüstung in der DDR dar: »Wir glauben, dass im Zeitalter totaler Überrüstung die Aufstellung neuer Waffen in Westeuropa nicht das Aufstellen neuer Waffen in der DDR rechtfertigt. Die Gefahr eines atomaren Konfliktes würde vergrößert werden, weil es keine militärische Sicherheit gibt. Nur eine atomwaffenfreie DDR ist ein Beitrag zu einem atomwaffenfreien Europa.«

Auferstehungskirche, Friedenstraße 83, 10249 Berlin

# »EUROPA DEN EUROPÄERN UND NICHT DEN GROSSMÄCHTEN!«

## KATECHETISCHES OBERSEMINAR, NAUMBURG (SAALE)

Im Februar 1978 hatte die Ministerin für Volksbildung, Margot Honecker, eine Direktive erlassen, die vielfache Proteste verursachte und einen Anstoß für die Entwicklung einer unabhängigen Friedensbewegung bildete: Von September an wurde der Wehrunterricht in Klasse 9 (ein Jahr später auch in Klasse 10) zum obligatorischen Unterrichtsfach. Vor diesem Hintergrund gründete sich in Naumburg auf Initiative von Edelbert Richter einer der ersten oppositionellen Friedenskreise. Er war am Katechetischen Oberseminar als Assistent tätig. Nachdem er sein Philosophiestudium an der Universität Leipzig wegen »ungenügender politischer Reife« abbrechen und in einem Betrieb arbeiten musste, studierte Richter in Halle Theologie und war anschließend als Dozent am Katechetischen Oberseminar sowie als Studentenpfarrer tätig. Das Oberseminar war eine kirchliche Hochschule, an der Pfarrer und Gemeindepädagogen ausgebildet wurden. Hier und in der ESG bildete sich ein Friedenskreis, der in seiner Wirkung überregionale Bedeutung erlangen sollte.

Neben Edelbert Richter lehrte mit Wolfgang Ullmann ein weiterer kritischer Intellektueller am Katechetischen Oberseminar. In den von ihnen gegründeten Lesekreisen wurden sozialistische Klassiker wie Marx, Engels und Lenin ebenso diskutiert wie Schriften von Kant, Hegel, Marcuse und der Frankfurter Schule. Diese Debatten bildeten die Grundlage für die Friedensarbeit in Naumburg, die zugleich Verbindungen zu oppositionellen Umwelt- und Menschenrechtsgruppen unterhielt. Stephan Bickhardt, der zu Beginn der 1980er Jahre am Oberseminar studiert hatte, gründete 1986 mit der illegalen radix-Druckerei in der Wohnung seiner Eltern in Berlin-Kaulsdorf und den dort her-

*Das Katechetische Oberseminar wurde Anfang der 1980er Jahre zum Zentrum der Oppositionsbewegung in Naumburg.*

gestellten *radix-blättern* eines der wichtigsten Publikationsorgane des Samisdat in der DDR. Der Titel der Samisdat-Reihe war inspiriert von Paul Celans Gedicht »Radix, Matrix«, über das sich Bickhardt lange mit seinem Freund Ludwig Mehlhorn ausgetauscht hatte. Der Naumburger Friedenskreis um Edelbert Richter verstand sich Mitte der 1980er Jahre als Teil einer »blocküberwindenden Friedensbewegung« und forderte: »Europa den Europäern und nicht den Großmächten! Viele gesellschaftliche Entwicklungsmöglichkeiten, die gerade auch mit dem Argument der Blockkonfrontation niedergehalten werden, könnten so zum Zuge kommen: Menschenrechte, ökologiegerechte Wirtschaftsformen ...« Richter wurde 1989 zu einem der Mitbegründern des DA.

Katechetisches Oberseminar / Haus der Kirche,
Domplatz 8, 06618 Naumburg (Saale)

# »GLASNOST IN STAAT & KIRCHE«

## PFINGSTKIRCHE, OST-BERLIN

1987 war ein großes Jahr für Berlin: Die geteilte Stadt feierte das 750-jährige Jubiläum ihrer Gründung. Aus diesem Anlass nahm die Leitung der Evangelischen Kirche in Berlin-Brandenburg bereits im Vorfeld Kontakt zu den staatlichen Behörden auf, denn sie plante für dieses Jahr die Durchführung des Evangelischen Kirchentages in Ost-Berlin. Staatlicherseits war man durchaus aufgeschlossen für die Idee, verlangte aber von der Landeskirche politische Zugeständnisse: Sie sollte für die SED missliebige Veranstaltungen, die bislang unter dem Dach der Kirche stattfanden, unterbinden. Die Kirchenleitung übte entsprechend Druck auf Basisgruppen aus, die seit Jahren die Friedenswerkstatt in der Erlöserkirche und die Blues-Messen in der Samariterkirche durchführten – und schließlich untersagte General-superintendent Günter Krusche die Fortsetzung der Veranstaltungen.

Der Konflikt mit den Basisgruppen führte allerdings dazu, dass diese eine alternative Veranstaltung zum offiziellen Kirchentag ausrichteten – den Kirchentag von Unten. So kamen in der Friedrichshainer Pfingstkirche vom 24. bis 26. Juni 1987 junge Leute zusammen, um über theologische und politische Fragen zu diskutieren. Für künstlerische Unterhaltung sorgten der oppositionelle Liedermacher Stephan Krawczyk und der regierungskritische Schriftsteller Peter Wawerzinek. Auch Teilnehmer des offiziellen Kirchentages aus dem Westen wie der Physiker Carl Friedrich von Weizsäcker sowie die SPD-Politiker Günter Gaus und Erhard Eppler statteten dem Kirchentag von Unten einen Besuch ab. Da die Gemeinderäume der Pfingstkirche für die unerwartet hohe Zahl von 6.000 Besuchern nicht ausreichten, wurden zusätzlich Räume der Galiläagemeinde genutzt.

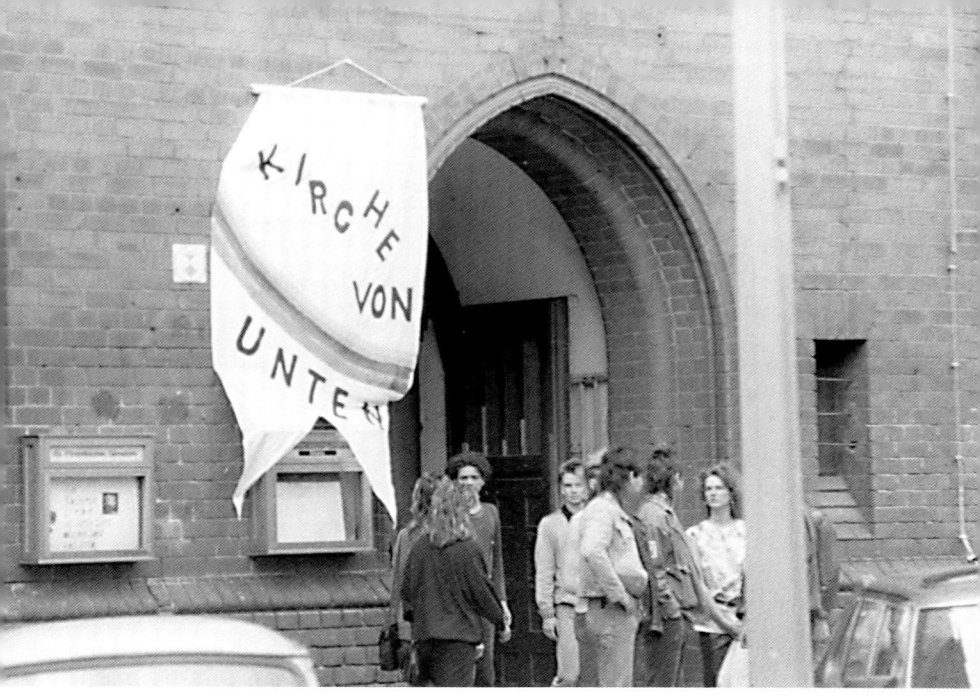

*Junge Leute vor der Ost-Berliner Pfingstkirche beim Kirchentag von Unten, 1987.*

Der parallel stattfindende offizielle Kirchentag wurde logistisch vom Staat unterstützt – für die Besucher wurden Busse, Toilettenwagen und Verpflegung zur Verfügung gestellt. Der Abschlussgottesdienst, bei dem etwa 30.000 Menschen zusammenkamen, konnte im Stadion An der Alten Försterei gehalten werden. Zwar durften die kirchlichen Basisgruppen dort keinen Redner stellen. Sie machten jedoch durch Transparente auf ihre Anliegen aufmerksam, auf denen zu lesen stand: »Für einen sozialen Friedensdienst« und »Glasnost in Staat & Kirche«. Aufgrund des Erfolgs des Kirchentages von Unten entstand mit der Basisgemeinde Kirche von Unten (KvU) eine wichtige Kraft für die Oppositionsbewegung in der DDR.

Pfingstkirche, Petersburger Platz 5, 10249 Berlin

# »RADIO GLASNOST«

RADIO 100, WEST-BERLIN

Im Sommer 1987 bekam die DDR-Opposition eine Stimme, die in ganz Berlin und Umgebung unzensiert gehört werden konnte: *Radio Glasnost* ging vom August 1987 an auf Sendung. Einmal im Monat konnten für eine Stunde die Positionen der Bürgerrechts- und Umweltbewegung, der KvU und anderer oppositioneller DDR-Gruppierungen im Programm von *Radio 100* vermittelt werden. Bereits im Herbst 1986 hatte der Piratensender *Schwarzer Kanal* (in Anspielung auf Karl-Eduard von Schnitzlers gleichnamige Propagandasendung) dreimal illegal von Kreuzberg aus nach Ost-Berlin gesendet. Die Beiträge hatten u. a. der Bürgerrechtler Reinhard Schult und der Liedermacher Stephan Krawczyk geliefert.

Wenige Monate später initiierte der von den DDR-Behörden ausgebürgerte Dissident Roland Jahn die Sendung *Radio Glasnost*. Der Journalist verfügte über vielfältige Kontakte in die oppositionelle Szene der DDR und unterstützte diese von West-Berlin aus. Die Möglichkeit, einen West-Berliner Sender als Sprachrohr für oppositionelle DDR-Gruppen zu nutzen, ergab sich bei einem Gespräch von Jahn mit Dieter Rulff, Redakteur des neu gegründeten *Radio 100*. Ziel war es, die oppositionellen Gruppen jenseits der Mauer in ihrer politischen Vielfalt zu präsentieren. Roland Jahn: »Das war das Wichtige, dass wir uns schon als eine Redaktion verstanden haben, die sich nicht positioniert zu der und der Gruppierung. Die sich auch nicht positioniert in der Frage, wie geht man mit den Leuten um, die die DDR verlassen wollen, bleiben oder gehen. Wir haben versucht, allen Seiten Gehör zu verschaffen.«

Entsprechend befasste sich die von Ilona Marenbach moderierte Sendung mit dem facettenreichen Spektrum an politischen und gesell-

*Gedenkstele in der Potsdamer Straße für das linksalternative* Radio 100, *das aus West-Berlin monatlich* Radio Glasnost *sendete.*

schaftlichen Themen, die vom DDR-Journalismus totgeschwiegen oder verzerrt dargestellt wurden: die Umweltzerstörungen, die Gefahren der Atomkraft, die Zunahme der Ausreiseanträge von DDR-Bürgern, die Gefahr des Rechtsradikalismus in der DDR, etwa am Beispiel des Überfalls von Skinheads auf das Punkkonzert in der Zionskirche etc. Die von *Radio Glasnost* gesendeten Materialien waren in Ost-Berlin auf Tonbändern aufgenommen und über Kuriere in den Westen geschmuggelt worden. Das MfS versuchte seinerseits, die aus SED-Perspektive äußerst missliebigen Sendungen von *Radio Glasnost* durch Störsender zu behindern. Doch *Radio Glasnost* konnte bis zum Fall der Mauer hörbar auf Sendung bleiben und leistete so einen wichtigen Beitrag zur Unterstützung der demokratischen Gegenöffentlichkeit in der DDR.

---

Redaktionsräume Radio 100 / Wohn- und Geschäftshaus,
Potsdamer Straße 131, 10783 Berlin

# »WIR WOLL'N IMMER ARTIG SEIN, DENN NUR SO HAT MAN UNS GERNE«

JUGENDCLUB »EXTREM«, LUGAU (DOBERLUG-KIRCHHAIN)

Eigentlich hätte es mit der aufkommenden Jugendmusikkultur in der brandenburgischen Provinz sehr schnell vorbei sein können: Nachdem junge Leute in der Konsumgaststätte »Zur Linde« in Lugau 1983 Partys mit Musik feierten, wurde dies von den Behörden rasch verboten. Doch dann kam der damals 19-jährige Einwohner der 700 Seelengemeinde und Initiator der Partys Alexander Kühne auf eine Idee: Mit Henri Manigk meldete er den Jugendclub »Extrem« bei der FDJ an – und sie machten von nun an, was sie wollten: Bis zur Wende traten in der Dorfgaststätte New Wave- und Punk-Bands auf, mit und ohne offizielle Spielerlaubnis und Einstufung.

Alexander Kühne begeisterte sich bereits als Jugendlicher weniger für die Musik der Blueser als für New Wave und David Bowie. Zur Gewinnung von Bands für Auftritte in Lugau fuhr Kühne oft zur subkulturellen Musikszene nach Ost-Berlin. Für ihn ermöglichten die Konzerte im »Extrem« ein anderes Lebensgefühl: Jenseits der alltäglichen Kleinmacherei und staatlichen Bevormundung konnte man hier eine Persönlichkeit sein, die mit ihren Ideen gefragt war.

Aus Ost-Berlin konnte Alexander Kühne die Punk-Band *Feeling B* mit Aljoscha Rompe, Paul Landers und Christian »Flake« Lorenz für einen Auftritt im »Extrem« gewinnen. Einer ihrer Songs trägt den bezeichnenden Titel *Wir woll'n immer artig sein*:

*Wir woll'n immer artig sein,* | *denn nur so hat man uns gerne.*
*Jeder lebt sein Leben ganz allein* | *und darum spalten wir die Sterne.*

Paul Landers, der von sich sagt, dass er bis zur Pubertät »auf Linie« war, dann aber den Osten als ein »Potemkinsches Dorf« erkannt hatte,

*Auftritt der Band* Feeling B *im Lugauer Jugendclub »Extrem« am 3. Juli 1987.*
*Von rechts nach links: Paul Landers, Christoph Zimmermann und Aljoscha Rompe.*

spielte auch in der Band *Die Firma*, deren Auftritt mit *Element of Crime* in der Ost-Berliner Zionskirche 1987 von Neonazis überfallen wurde.

Neben Bands aus Ost-Berlin spielten im »Extrem« auch *Sandow* aus Cottbus, *Die Art* aus Leipzig und die Finsterwalder Punkband *Kotzübel*. Lugau in der Niederlausitz wurde zu einem Magneten für die subkulturelle Musikszene, der junge Leute aus der Umgebung und aus Cottbus, Leipzig, Dresden sowie Ost-Berlin anzog. Schließlich war das Konzept so erfolgreich, dass Alexander Kühne auch in benachbarten Ortschaften wie im »Kohlenpott«, dem Kulturhaus der Bergarbeiter in Doberlug-Kirchhain, und auf der »Freilichtbühne« in Lindena Auftritte organisierte. Über die damaligen Ereignisse veröffentlichte er 2016 den Roman *Düsterbusch city lights.*

Jugendclub »Extrem« / Landei, Hauptstraße 5,
03238 Lugau (Doberlug-Kirchhain)

# »GORBATSCHOW – DEMOKRATIE – FRIEDEN«

GETHSEMANEKIRCHE, OST-BERLIN

Im Februar 1986 war der schwedische Ministerpräsident Olof Palme ermordet worden. Die Tat konnte bislang nicht aufgeklärt werden. Der sozialdemokratische Politiker hatte sich international für Abrüstungen und einen atomwaffenfreien Korridor in Mitteleuropa eingesetzt. Vor diesem Hintergrund organisierten internationale Friedensinitiativen im September 1987 den Olof-Palme-Friedensmarsch, der auch durch die DDR führte. Hier beteiligten sich neben staatsnahen offiziellen Vertretern auch unabhängige Friedensgruppen. In diesem Rahmen schuf die Aktion Sühnezeichen zwischen den einstigen Konzentrationslagern Ravensbrück und Sachsenhausen einen Pilgerweg. Bei der Wanderung trugen die Friedensaktivisten Transparente mit Forderungen wie »Schwerter zu Pflugscharen«, »Sozialer Friedensdienst für Wehrdienstverweigerer«, »Friedenserziehung statt Wehrunterricht« und »Abrüstung auch in den Schulen und Kindergärten«.

In Ost-Berlin initiierte Stadtjugendpfarrer Wolfram Hülsemann im Kontext des Olof-Palme-Friedensmarschs am 5. September einen Pilgerweg von Mitte nach Prenzlauer Berg. Die Route führte von der Zionskirche über die Segenskirche und die Eliaskirche zur Gethsemanekirche, wo der Pilgerweg mit einem Abschlussgottesdienst endete. An dem Marsch beteiligten sich etwa 1.000 Menschen mit Kerzen und Transparenten mit regierungskritischen Losungen, auf denen zu lesen war: »Keine Feindbilder in der Schule und im Kindergarten«, »Gorbatschow – Demokratie – Frieden« und »Friedenskunde statt Wehrkunde«. Vertreter staatlich gelenkter Friedensgruppen nahmen an diesem Zug nicht teil. Es war die erste Demonstration unabhängiger Basisgruppen, die mit behördlicher Einwilligung legal durchgeführt wer-

*Teilnehmer des Olof-Palme-Friedensmarsches in der Ost-Berliner Gethsemanekirche, 1987.*

den konnte und von der Volkspolizei verkehrstechnisch abgesichert wurde. Für die Oppositionsbewegung resümierte Vera Wollenberger in einem Beitrag für die *Umweltblätter* vom 1. Oktober 1987 hinsichtlich der Aktivitäten während des Olof-Palmes-Friedensmarsches optimistisch: »Es ist etwas Neues entstanden in unserem Land. Freiräume haben sich geöffnet, die von der Friedensbewegung sensibel genutzt und ausgefüllt werden müssen, damit sie nicht wieder verloren gehen.«

Die Gethsemanekirche war ein Ort, an dem sich über die Jahre eine Vielzahl oppositioneller Aktivitäten entfaltete. Am 2. Oktober 1989 willigte Pfarrer Werner Widrat ein, dass Aktivisten des Weißenseer Friedenskreises, der Umwelt-Bibliothek und der KvU in der Gethsemanekirche Mahnwachen für die politisch Inhaftierten abhalten konnten.

Gethsemanekirche, Stargarder Straße 77, 10437 Berlin

# »UMWELT-BIBLIOTHEK«

ZIONSKIRCHE, OST-BERLIN

Die Atomkatastrophe von Tschernobyl 1986 mobilisierte vor allem junge Menschen rund um den Globus für Aktivitäten zum Schutz des ökologischen Lebensraums. In Ost-Berlin taten sich Christian Halbrock, Carlo Jordan, Oliver Kämper, Christine Müller und Wolfgang Rüddenklau zusammen und gründeten am 2. September 1986 die Umwelt-Bibliothek. Der evangelische Pfarrer Hans Simon hatte den Basisaktivisten dazu Kellerräume des Gemeindehauses der Zionskirche zur Verfügung gestellt. Im Schutz der Kirche konnten die jungen Leute eine Präsenzbibliothek auch mit unerwünschter oder verbotener Literatur sowie eine Druckerei einrichten, in der die Samisdatzeitschrift *Umweltblätter* hergestellt wurde. Die Kellerräume der Kirchengemeinde boten den politischen Freiraum für oppositionelle Lesungen, Vorträge und Ausstellungen. Von Oktober 1986 an entwickelten sich die *Umweltblätter* zur am weitesten verbreiteten Informationsschrift des Widerstands und die Umwelt-Bibliothek wurde, so Tom Sello, zum »Informations- und Kommunikationszentrum der DDR-Opposition«.

Pfarrer Hans Simon öffnete am 17. Oktober 1987 auch die Pforten der Zionskirche für ein Konzert zweier Bands aus der geteilten Stadt: Aus Ost-Berlin trat *Die Firma* auf, deren Gitarrist Paul Landers 1994 die Band *Rammstein* mitgründete. Aus West-Berlin kam *Element of Crime* mit dem Sänger Sven Regener. Die annähernd 2.000 Besucher des Konzerts waren begeistert. Doch nach dem Ende der Veranstaltung drangen etwa 40 rechtsradikale Skinheads in die Kirche ein, skandierten »Sieg Heil«, »Juden raus« und »Kommunistenschweine« und griffen die verbliebenen Konzertbesucher an. Die vor der Kirche präsenten Volkspolizisten griffen nicht ein. Zwar gab es offiziell in der DDR keine

*Blick in den Bibliotheksraum der im September 1986 gegründeten Umwelt-Bibliothek im Gemeindehaus der Zionskirche in Ost-Berlin.*

Rechtsradikalen, doch durch den Auftritt von *Element of Crime* in der Zionskirche berichteten *RIAS* und *SFB* über die Ereignisse und machten sie international bekannt.

Einen guten Monat später geriet die Zionskirche wieder in die internationalen Schlagzeiten: Bei der »Aktion Falle« durchsuchten Mitarbeiter der Stasi in der Nacht vom 24. auf 25. November 1987 die Umwelt-Bibliothek, demontierten die Druckpresse, mit der die *Umweltblätter*, der *Grenzfall* und andere regimekritische Publikationen hergestellt wurden, beschlagnahmten zahlreiche Bücher und verhafteten zwei Aktivisten. Diese kamen aufgrund des nationalen und internationalen öffentlichen Drucks schnell wieder frei. Und die »Aktion Falle« verhalf der Oppositionsbewegung in der DDR zu einem enormen Auftrieb.

Zionskirche, Zionskirchplatz, 10119 Berlin

# »WARNUNG – ES GIBT IN UNSEREM LAND NEOFASCHISTISCHE JUGENDGRUPPEN«

CIVIL-WAISENHAUS, POTSDAM

Der Angriff von Rechtsradikalen auf das Punkkonzert in der Zions-kirche bildete den Anlass für die Gründung der ersten unabhängigen Antifa-Gruppe der DDR in Potsdam. Sie ging aus der hiesigen Punksze-ne hervor, die nicht zuletzt durch selbst erfahrene Übergriffe rechts-radikaler Skinheads um die Existenz neonazistischer Gruppierungen wusste. Offiziell durfte es in der DDR keine Rechtsextremen geben, galt der Antifaschismus doch als Staatsräson und diente dem SED-Regime zur politischen Legitimation. Die jungen Leute der Potsdamer Punk-szene um David Burkhardt, Ines Franke und Stephan Martin wollten es bei diesem verordneten Antifaschismus nicht bewenden lassen und wurden selbst aktiv: In der Nacht zum 5. November 1987 schrieben sie Parolen wie »NAZIS RAUS« an Hauswände. Dazu klebten sie Flugblät-ter, die sie mit einem schwarzen Rahmen ummalten: »Warnung – Es gibt in unserem Land neofaschistische Jugendgruppen. Sie sind dabei sich zu organisieren. Ihr Verhalten wird durch Brutalität, rücksichtslo-ses Vorgehen gegen ihre erklärten Feinde gekennzeichnet (Ausländer, Linke, Rote, Juden, Christen und alles sogenannte Undeutsche). Zu vie-le glauben, so etwas gibt es bei uns nicht.« Von November 1987 an trafen sich die jungen Antifaschisten re-gelmäßig im Civil-Waisenhaus, einer Einrichtung des Evangelischen Diakoniewerks Wilhelm-von-Türk-Stiftung, das als Ausbildungsstätte für Gemeindediakonie und Sozialarbeit diente. Dort sprachen sie über die Entwicklung des Neonazismus in der DDR und diskutierten über Faschismustheorien. Zu den Treffen kamen Lehrlinge, junge Facharbei-ter und Kirchenmitarbeiter. Der Ausbildungsleiter der Einrichtung, Frieder Burkhardt, stand den jungen Leuten beratend zur Seite. Im

*Im Civil-Waisenhaus in Potsdam trafen sich seit November 1987 regelmäßig junge Antifaschisten.*

Sommer 1989 gelang es der Gruppe, mit einem Antifa-Tag bei der Potsdamer Erlöserkirche eine breitere Öffentlichkeit und die Vernetzung ihrer Aktivitäten zu erreichen: Am 29. Juli fanden sich etwa 300 junge Leute aus der gesamten DDR ein, tauschten Informationen aus, diskutierten über das Erstarken rechtsextremer Gruppierungen und verfassten eine Resolution zur Verurteilung neofaschistischer Tendenzen. Die Potsdamer Antifa-Gruppe gab einen wichtigen Impuls für die Auseinandersetzung mit der von staatlichen Stellen geleugneten Problematik des Rechtsextremismus im Land.

An der Rückseite des Potsdamer Filmmuseums befindet sich noch heute ein schwarzer Rahmen, in den die Antifa-Jugendlichen im November 1987 ihr erstes Flugblatt klebten.

---

Civil-Waisenhaus / Evangelisches Diakoniewerk Wilhelm-von-Türk-Stiftung, Berliner Straße 148, 14467 Potsdam

# »FREIHEIT IST IMMER FREIHEIT DER ANDERSDENKENDEN«

FRANKFURTER TOR, OST-BERLIN

Ein zentrales geschichtspolitisches Ritual der DDR bestand in der jährlich am dritten Sonntag im Januar durchgeführten Demonstration anlässlich der Ermordung von Rosa Luxemburg und Karl Liebknecht durch das Freikorps der Garde-Kavallerie-Schützendivision am 15. Januar 1919 im Tiergarten. Die Mitgründer der KPD wurden vom SED-Staat für den realen Sozialismus in der DDR instrumentalisiert. Ihre Namen wurden stets zusammen genannt, obwohl sich ihre politischen Auffassungen sehr unterschieden – Rosa Luxemburg übte früh Kritik am Bolschewismus in Russland. Deshalb kam es nicht von ungefähr, dass sich Bürgerrechtler in Ost-Berlin zur Legitimierung ihrer Positionen auf die Revolutionärin beriefen. So beschlossen die Aktivisten der AG Staatsbürgerschaftsrecht, sich an der offiziellen Liebknecht-Luxemburg-Demonstration am 17. Januar 1988 mit Transparenten zu beteiligen, auf denen Zitate von Rosa Luxemburg zu lesen waren.

Dem MfS waren die Vorbereitungen der Proteste nicht entgangen. Im Vorfeld wurden über 100 Personen belehrt, dass sie nicht an der Liebknecht-Luxemburg-Demonstration teilnehmen sollten. Erste Verhaftungen erfolgten bereits einen Tag vor der Veranstaltung. Das hinderte jedoch viele Dissidenten nicht daran, sich am 17. Januar 1988 an der Wegstrecke der Demonstration am Frankfurter Tor mit Transparenten einzufinden, auf denen Zitate von Rosa Luxemburg standen: »Der einzige Weg zur Wiedergeburt – breite Demokratie«, »Wer sich nicht bewegt, spürt die Fesseln nicht«, »Freiheit nur für die Anhänger einer Regierung, nur für die Mitglieder einer Partei – und mögen sie noch so zahlreich sein – ist keine Freiheit« und »Freiheit ist immer Freiheit der Andersdenkenden«. Doch noch bevor die Bürgerrechtler

*Die Stasi hindert ein ARD-Team daran, die Verhaftung von Oppositionellen bei der Liebknecht-Luxemburg- Demonstration im Januar 1988 zu filmen, indem sie offizielle Transparente vor die Kamera hält.*

die Teilnehmer der offiziellen Demonstration mit ihren Transparenten konfrontieren konnten, wurden sie von den Sicherheitskräften festgenommen, 70 Personen allein am Frankfurter Tor. Unter den Inhaftierten befand sich auch Stephan Krawczyk. Der Liedermacher, der seit seinem Austritt aus der SED im Jahr 1985 mit Auftrittsverbot belegt war, hatte bei der Demonstration ein Transparent bei sich, mit dem er gegen diese Zensurmaßnahme protestierte: »Gegen Berufsverbote in der DDR«. Krawczyk griff damit einen von der SED-Führung seit den 1970er Jahren immer wieder propagandistisch gegen den Radikalenerlass in der Bundesrepublik benutzten Begriff auf – und wandte ihn gegen die eigene Regierung.

Frankfurter Tor, 10243 Berlin

# »UNSER ERSTER PLEISSE-GEDENKUMZUG HAT VIELE WIDERSPRÜCHE BEWUSST WERDEN LASSEN«

KLINGERBRÜCKE, LEIPZIG

Die Pleiße galt aufgrund ihrer starken Verschmutzung durch Industrieanlagen als Sinnbild für die desaströse Umweltpolitik des SED-Regimes. In Leipzig nahm die Initiativgruppe Leben (IGL) den Weltumwelttag am 5. Juni 1988 zum Anlass, auf diese ökologischen Missstände hinzuweisen. Die IGL war im Mai 1987 aus einer Abspaltung von der Arbeitsgruppe Umweltschutz (AGU) hervorgegangen – Uwe Schwabe, Frank Sellentin, Kerstin Heuschert, Jens Kronberg u. a. setzten sich neben ökologischen Themen auch mit Möglichkeiten der demokratischen Umgestaltung der Gesellschaft auseinander und wollten öffentlichkeitswirksame Aktionen durchführen. Vor diesem Hintergrund entwickelten Frank Sellentin und Uwe Schwabe die Idee, am Weltumwelttag 1988 auf den mangelnden Umweltschutz in der DDR allgemein und die eklatante Verschmutzung der Pleiße im Besonderen durch eine Protestdemonstration hinzuweisen, die sie als Pleiße-Gedenkumzug ankündigten.

Doch die Aktion der IGL stieß weder auf staatlicher noch auf amtskirchlicher Seite auf Gegenliebe: Die staatlichen Behörden übten Druck auf Mitglieder der IGL aus, von dem Gedenkumzug Abstand zu nehmen. Und die Kirche gestattete es der IGL nicht, bei den montäglichen Friedensgebeten in der Nikolaikirche auf den Marsch hinzuweisen. Trotzdem kamen am 5. Juni 1988 nachmittags etwa 230 meist junge Leute bei dem vereinbarten Treffpunkt in Connewitz zusammen. Neben der IGL beteiligten sich auch Aktivisten der Arbeitsgruppe Umweltschutz und des Arbeitskreises Gerechtigkeit. Christoph Wonneberger war der einzige Pfarrer, der am Pleiße-Gedenkumzug teilnahm. Auf dem Damm entlang des Pleiße-Grabens führte der Marsch zur Ha-

*Ein Stoffaufnäher zum 1. Pleißegedenkumzug in Leipzig am 5. Juni 1988.*

kenbrücke. Dort war der ansonsten verrohrte und zugeschüttete Fluss noch offen. Anhand einer Wasserprobe konnte hier demonstriert werden, wie es um die Verschmutzung der Pleiße stand, in der man in der frühen Nachkriegszeit noch hatte schwimmen können.

Die Demonstration endete im Clara-Zetkin-Park auf der Wiese vor der Klingerbrücke. Während sich die Marschierer mit Essen und Getränken aus ihren Rucksäcken stärkten, hielt Michael Arnold von der IGL eine kleine Ansprache, in der er auf die mangelnde Unterstützung für die Demonstration durch die Kirchenoberen einging und zur Perspektive für die weitere Arbeit der Gruppe erklärte: »Unser erster Pleiße-Gedenkumzug hat viele Widersprüche bewusst werden lassen. Es kommt nun darauf an, aus der gesegneten Unruhe heraus Veränderungen zu erzielen und die breite Öffentlichkeit mit einzubeziehen.«

---

Klingerbrücke, Käthe-Kollwitz-Straße, 04109 Leipzig

# »DIESES LAND IST ES NICHT«

## WERNER-SEELENBINDER-HALLE

Die Auseinandersetzungen von jungen Leuten mit der Volkspolizei wegen der Rockkonzerte am Reichstagsgebäude zu Pfingsten 1987 waren für Kurt Hager Anlass, über geeignete Gegenmaßnahmen nachzudenken: Der Chef-Ideologe der SED wies die Künstler-Agentur der DDR und die FDJ an, Konzertveranstaltungen mit populären Musikern aus dem Westen zu organisieren, »um dem ausgeprägten Interesse der Jugend nach solchen Veranstaltungen besser zu entsprechen«. Vor diesem Hintergrund war es dem Kultursekretär der Berliner FDJ-Bezirksleitung, Rainer Börner, möglich, Rio Reiser in die Werner-Seelenbinder-Halle einzuladen. Reiser war einst Sänger der West-Berliner Anarcho-Band *Ton Steine Scherben* und hatte nun mit seiner Debüt-Platte »Rio I.«, die u. a. den Song »König von Deutschland« enthielt, in West und Ost großen Erfolg.

Im Vorprogramm zu den Konzerten von Rio Reiser am 1. und 2. Oktober 1988 trat die Ost-Berliner Band von Lutz Kerschowski auf. Nach etwa einer Stunde war es dann soweit: Rio kam auf die Bühne und die etwa 6.000 jungen Leute, manche mit der schwarz-roten Fahne der Anarchisten, sangen die Texte begeistert mit. Ein Lied, so die Vereinbarung mit der FDJ, durfte Reiser nicht spielen, den *Ton Steine Scherben*-Klassiker *Keine Macht für niemand*. Doch das Publikum fand trotzdem einen Weg, die politische Stimmung lautstark zum Ausdruck zu bringen. Kurz vor den Zugaben setzte sich Rio Reiser allein an das Keybord und sang »Der Traum ist aus«:

*Ich hab geträumt, der Winter wär' vorbei | Du warst hier – und wir war'n frei*
*Und die Morgensonne schien | Es gab keine Angst und nichts zu verlieren*

*Es war Friede bei den Menschen und unter den Tieren*
*Das war das Paradies | Der Traum ist aus | Der Traum ist – aus*
*Aber ich werde alles geben, dass er Wirklichkeit wird*

*Jugendliche Zuhörer während eines Konzerts von Rio Reiser in Ost-Berlin im Oktober 1988.*

Das Publikum sang mit – und geriet bei der Liedzeile »Dieses Land ist es nicht« außer sich:

> *Gibt es ein Land auf der Erde, wo der Traum Wirklichkeit ist?*
> *Ich weiß es wirklich nicht | Ich weiß nur eins, und da bin ich sicher:*
> *Dieses Land ist es nicht | Dieses Land ist es nicht*

»Der Saal scheint zu bersten, das Publikum ist Rio voraus, singt, schreit, wütet mit, lässt den ganzen Frust über dieses verschlafene, zugesperrte Land in Agonie heraus«, beschrieb Henry Bernhard die Szene. Das Konzert wurde vom DDR-Fernsehen aufgezeichnet und übertragen – freilich ohne »Der Traum ist aus«. Doch bis heute existiert von den Konzerten Rio Reisers in der Werner-Seelenbinder-Halle ein Tonmitschnitt – mit diesem Lied.

---

Werner-Seelenbinder-Halle / Velodrom, Paul-Heyse-Straße 26, 10407 Berlin

# »INITIATIVE ZUR DEMOKRATISCHEN ERNEUERUNG UNSERER GESELLSCHAFT«

MARKTPLATZ, LEIPZIG

70 Jahre nach der Ermordung von Rosa Luxemburg und Karl Liebknecht standen am 15. Januar 1989 wieder die rituellen Gedenkfeierlichkeiten der SED an. In der Leipziger Oppositionsszene machte man sich Gedanken über eine eigene Form des Erinnerns an die beiden Revolutionäre, und im Gespräch mit Uwe Schwabe hatte Gesine Oltmanns die Idee: »Wir rufen in Leipzig zu einer unabhängigen Demonstration auf.« Der Plan war, sich am 15. Januar auf dem Markt vor dem Alten Rathaus zu versammeln und in einem Schweigemarsch mit Kerzen zum Geburtshaus von Karl Liebknecht in die Braustraße 15 zu ziehen. Die Aktion sollte öffentlichkeitswirksam durch ein in hoher Auflage gedrucktes Flugblatt bekannt gemacht werden. Michael Arnold verfasste den Text, in dem es heißt: »Der Tag der Ermordung von Rosa Luxemburg und Karl Liebknecht soll uns Anlass sein, weiter für eine Demokratisierung unseres sozialistischen Staates einzutreten.« Im Weiteren wurden das Recht auf freie Meinungsäußerung, Versammlungs- und Vereinigungsfreiheit und Pressefreiheit sowie die Aufhebung des Verbots der Zeitschrift *Sputnik* und kritischer sowjetischer Filme gefordert. Gezeichnet war das Flugblatt mit »Initiative zur demokratischen Erneuerung unserer Gesellschaft«.

In der Nacht des 11. Januar gelang es den jungen Leipzigern um die IGL, etwa 5.000 Flugblätter in Briefkästen des gesamten Stadtgebietes zu verteilen. Bereits am nächsten Tag wurden elf der mutmaßlich an der Aktion Beteiligten verhaftet. Das hinderte andere Aktivisten jedoch nicht, sich wie vorgesehen am 15. Januar um 16 Uhr auf dem Marktplatz einzufinden. Fred Kowasch, einst Sänger der Punk-Band *Schmerzgrenze*, fasste sich ein Herz, sprang auf eine Mauer und hielt vor mehreren

*Fred Kowasch spricht auf dem Leipziger Marktplatz zu Teilnehmern der Luxemburg-Liebknecht-Demonstration am 15. Januar 1989.*

Hundert Zuhörern eine kurze Rede, in der er u. a. erklärte: »Ein Sozialismus ist ohne die uneingeschränkte Meinungs-, Presse- und Versammlungsfreiheit nicht möglich. Dies ist und bleibt eine der zentralen Forderungen Rosa Luxemburgs. Ihr, Karl Liebknecht und allen anderen wollen wir heute gedenken.« Anschließend setzte sich ein Demonstrationszug von etwa 800 Menschen in Richtung Liebknecht-Gedenkstätte in Bewegung, der schließlich von Sicherheitskräften am Wilhelm-Leuschner-Platz gestoppt wurde. Zahlreiche Marschierer wurden verhaftet. Die unabhängige Demonstration junger Oppositioneller wurde zu einem wichtigen Markstein auf dem Weg zur Friedlichen Revolution.

Markt, 04109 Leipzig

61

# »WIR HABEN NACHGEWIESEN, DASS DIE SED WAHLBETRUG BEGANGEN HAT«

ELISABETHKIRCHE, OST-BERLIN

Die Wahlen in der DDR vermittels Einheitslisten der Nationalen Front waren eine Farce. Unabhängig davon, ob bei den Wahlen zur Volkskammer oder bei den Kommunalwahlen – die Einheitsliste erhielt 99 Prozent der abgegebenen Stimmen. Der Wahlvorgang bestand darin, dass man nach Vorlegen der Wahlberechtigung den ausgehändigten Wahlzettel faltete und in die Urne warf, was als Ja-Stimme gezählt wurde. Um mit Nein zu stimmen, hätte man alle auf der Einheitsliste aufgelisteten Kandidaten durchstreichen müssen. Eine Wahlkabine war zwar vorhanden. Von ihr Gebrauch zu machen hieß aber zugleich, dass man politisch verdächtig war.

Dass die Wahlen darüber hinaus von den Behörden systematisch gefälscht wurden, konnten Aktivisten der Bürgerbewegung erstmals im Rahmen der Kommunalwahlen vom 7. Mai 1989 nachweisen, indem sie das verbriefte Recht auf Wahlbeobachtung nutzten und für den Wahlabend Beobachter für die Auszählung organisierten. Nach der Stimmenauszählung trafen sich die Wahlbeobachter in der Elisabethkirche, wo die KvU eine Wahlparty veranstaltete, zu der etwa 300 Menschen oppositioneller Basisgruppen zusammenkamen. Anwesend waren auch zahlreiche Journalisten westdeutscher Medien – die Mitarbeiter von *Spiegel, Zeit, Frankfurter Rundschau, Evangelischem Pressedienst, dpa* sowie des ARD-Hörfunks und -Fernsehens hatten im Vorfeld von den Plänen zur Wahlbeobachtung erfahren.

Während Vikar Thomas Krüger, einer der Protagonisten der KvU, eine Andacht hielt, wurden in einem Nebenraum die Ergebnisse aus den Ost-Berliner Wahlbezirken errechnet. Als dann Egon Krenz, der Leiter der Zentralen Wahlkommission, im DDR-Fernsehen erklärte,

*Stimmauszählung zur Kommunalwahl am 7. Mai 1989 unter einem Honecker-Porträt im Wahllokal 802 in Ost-Berlin.*

98,85 Prozent der abgegebenen Stimmen seien Ja-Stimmen für die Einheitsliste gewesen, war für die Anwesenden in der Elisabethkirche klar: Das offizielle Wahlergebnis war eine Fälschung, denn die vorgestellten Zahlen wichen zu sehr von den Ergebnissen ab, die von den Wahlbeobachtern in Ost-Berlin und im gesamten Land festgestellt worden waren. Diakon Mario Schatta vom Weißenseer Friedenskreis: »Wir haben nachgewiesen, dass die SED Wahlbetrug begangen hat.« Einen Monat später hatten die Bürgerrechtler die Broschüre »Wahl '89« erstellt, worin der landesweite Wahlbetrug dokumentiert wurde. Die gefälschten Kommunalwahlen bildeten den Anlass, dass sich die oppositionellen Gruppen in der gesamten DDR stärker vernetzten und koordiniert zusammenarbeiteten.

Elisabethkirche, Invalidenstraße 4a, 10115 Berlin

# »DIE CHINESISCHE LÖSUNG SCHWEBTE VON NUN AN WIE EIN DAMOKLESSCHWERT ÜBER UNS«

CHINESISCHE BOTSCHAFT, OST-BERLIN

Seit Mai 1989 protestierten zunächst Studenten, dann auch Arbeiter auf dem Tian'anmen-Platz in Peking gegen Korruption und für demokratische Reformen in China. In der Nacht zum 4. Juni wurden die Protestaktionen jedoch vom chinesischen Militär mit Panzern blutig niedergewalzt. Nach Schätzungen des Roten Kreuzes kamen dabei etwa 2.600 Menschen ums Leben. In der DDR stellte sich die SED-Führung demonstrativ an die Seite der chinesischen KP – das *ND* titelte am 5. Juni »Volksbefreiungsarmee Chinas schlug konterrevolutionären Aufruhr nieder« und Ernst Timm erklärte für die Abgeordneten der Volkskammer am 8. Juni, »dass in der gegenwärtigen Lage die von der Partei- und Staatsführung der Volksrepublik China beharrlich angestrebte politische Lösung innerer Probleme infolge der gewaltsamen, blutigen Ausschreitungen verfassungsfeindlicher Elemente verhindert worden ist«.

Oppositionelle Basisgruppen waren jedoch entsetzt über das Massaker des chinesischen Militärs an der eigenen Bevölkerung. In zahlreichen Schulen und Hochschulen kam es zu Protesten, Aktivisten der Umwelt-Bibliothek verfassten eine Erklärung, in der sie sich mit der Bevölkerung und den Studenten Chinas solidarisierten. Die chinesische Botschaft in Pankow wurde im Verlauf des Junis 1989 mehrfach zu einem Ort, an dem sich der Protest gegen das Massaker artikulierte. So zogen am 6. Juni 1989 etwa 30 Menschen vor das Botschaftsgebäude, um ihre Solidarität mit den Opfern in China zu bekunden. Doch die kleine Schar wurde sehr schnell von der Volkspolizei auf einen LKW verbracht und weggeführt. In der Folge gab es weitere kleine Kundgebungen vor der chinesischen Vertretung. Als am 22. Juni etwa 50

*Die Botschaft der Volksrepublik China in Ost-Berlin, 1987.*

junge Leute dem chinesischen Botschafter einen offenen Protestbrief überreichen wollten, gelangten sie noch nicht einmal in die Nähe der Botschaft, die inzwischen von Volkspolizei und Stasi weiträumig abgeriegelt worden war.

Vertreter der SED ließen unterdessen keinen Zweifel an ihrer weiteren Unterstützung der harten Haltung der chinesischen Führung aufkommen, etwa anlässlich der Freundschaftsbesuche der Parteifunktionäre Hans Modrow, Günter Schabowski und Egon Krenz in China. Für die DDR-Opposition war dies ein unmissverständliches Zeichen für die Reformunwilligkeit ihrer eigenen Regierung – und hinsichtlich eines möglichen gewalttätigen Vorgehens gegen ihre Aktivitäten: »Die chinesische Lösung schwebte von nun an wie ein Damoklesschwert über uns«, so Ulrike Poppe.

---

Botschaft der Volksrepublik China / Wohnhaus,
Heinrich-Mann-Straße 9, 13156 Berlin

# »FREIHEIT MIT MUSIK«

THOMASKIRCHHOF, LEIPZIG

Leipzig gilt als Stadt der Musik. Hier wirkten Johann Sebastian Bach, Felix Mendelssohn Bartholdy, Edvard Grieg, Gustav Mahler, Clara und Robert Schumann sowie Richard Wagner, der hier wie Hanns Eisler auch geboren wurde. Das Gewandhausorchester und der Thomanerchor genießen weltweit Renommee, und seit Anfang der 1950er Jahre ist der Internationale Johann-Sebastian-Bach-Wettbewerb eine wichtige Institution für junge Interpreten. Was die Behörden in Leipzig – wie in der gesamten DDR – jedoch nicht duldeten, war das Musizieren ohne staatliche Erlaubnis. Dagegen wollte der Theologiestudent und Straßenmusiker Jochen Läßig im Sommer 1989 ein Zeichen setzen: Zusammen mit Katrin Hattenhauer, Cornelia Fromme, Andreas Ludwig, Gesine Oltmanns, Frank Sellentin und Uwe Schwabe sowie anderen Bürgerrechtsaktivisten organisierte er für den 10. Juni ein Straßenmusikfestival in Leipzig. Die jungen Leute wollten erreichen, dass wie in Budapest und Prag auch hier Straßenmusik gespielt werden konnte, ohne dass dafür eine behördliche Erlaubnis erforderlich war. Und die Aktivisten wollten wieder Lebensfreude in ihre Stadt bringen. So stellten sie Flugblätter her, auf denen zu lesen stand: »Mit dem Leipziger Musikfestival wollen wir wenigstens einen Tag lang die Stadt zum Leben erwecken. Musiker aller Richtungen haben sich angesagt. Wer ohne Anlage und ohne Bühne musizieren oder irgendeine andere Kunst auf die Straßen bringen kann, sollte noch mitmachen, wir haben genug Platz in der Innenstadt.«

Zwar versuchten die Behörden, das Straßenmusikfestival durch ein explizites Verbot zu verhindern. Doch am Vormittag des 10. Juni fanden sich trotzdem zahlreiche Musiker und Hunderte Zuhörer aus der

*Jochen Läßig (stehend mit Gitarre) auf dem verbotenen Straßenmusikfestival in Leipzig am 10. Juni 1989.*

gesamten Republik unter dem Motto »Freiheit mit Musik« in Leipzig ein und spielten auf den Plätzen der Innenstadt. Eingedenk des erst wenige Tage zurückliegenden Massakers auf dem Tian'anmen-Platz verkauften Aktivisten der Basisgruppen Aufnäher mit der chinesischen Fahne und Trauerflor. Gegen Mittag begannen Sicherheitskräfte jedoch damit, Künstler zu verhaften. Als die Polizei Musiker und Zuhörer auf dem Thomaskirchhof einkesselten und zuführten, geschah dies unter lautstarken Protesten zahlreicher Bürger – und unter den Augen internationaler Besucher der Stadt, die sich gerade auf dem Weg zur Motette des Thomanerchors befanden. Um weitere öffentliche Aufmerksamkeit für ihre repressiven Maßnahmen zu vermeiden, zog sich die Polizei schließlich zurück.

Thomaskirchhof, 04109 Leipzig

# »FREIE FAHRT NACH GIESSEN«

## ZENTRALE AUFNAHMESTELLE DES LANDES HESSEN, GIESSEN

Die Erosion des real existierenden Sozialismus in der DDR wurde im Sommer 1989 aufgrund der stetig zunehmenden Zahl von Ausreiseanträgen und geflüchteten Menschen augenfällig: Die Grenzliberalisierung von Ungarn – symbolisch von den Außenministern Ungarns und Österreichs, Gyula Horn und Alois Mock, am 27. Juni durch Zerschneidung eines Stacheldrahtzauns an der Grenze der beiden Länder vollzogen – führte im Verlauf der Sommerferien dazu, dass Tausende DDR-Bürger ihren Urlaub in Ungarn dazu nutzten, nach Österreich und anschließend in die Bundesrepublik zu flüchten. László Magas, Mitinitiator des »paneuropäischen Picknicks«, das am 19. August an der ungarisch-österreichischen Grenze nahe Sopron vom oppositionellen Ungarischen Demokratischen Forum und der Paneuropa-Union veranstaltet wurde, erklärte, wie ihn die Flucht der Ostdeutschen berührte: »An der Straße und auf dem gestrigen Parkplatz standen mindestens 20 Autos mit ostdeutschem Kennzeichen. Das krampfte mir das Herz zusammen, denn ich wusste, so ein Wartburg war oft das einzige Vermögen einer ostdeutschen Familie, und sie hatten bekanntlich mindestens zehn Jahre auf einen Wagen warten müssen. Nun ließen sie alles stehen und warfen sich trotzdem vor Glück weinend auf die Erde eines fremden Landes. So viel bedeutet die Hoffnung auf Freiheit! Daran lässt sich ermessen, was der Kommunismus in der östlichen Hälfte Europas angerichtet hatte.«

Der Weg der meisten geflüchteten DDR-Bürger führte nach Gießen. Für viele Menschen in der DDR war die mittelhessische Stadt zu einem Sehnsuchtsort geworden: Seit September 1989 forderten Ausreisewillige im Anschluss an die Montagsdemonstrationen in Leipzig

*Ein Sonderzug bringt geflüchtete DDR-Bürger aus Prag in das Grenzdurchgangslager Gießen, 1. Oktober 1989.*

»Freie Fahrt nach Gießen«. Dort befand sich das Notaufnahmelager für Geflüchtete und Übersiedler aus der DDR. Es war nach dem Ende des Zweiten Weltkriegs von der amerikanischen Besatzungsmacht als Barackenunterkunft für Displaced Persons und aus der SBZ Geflüchtete unweit des Bahnhofs eingerichtet und 1950 durch Wohnblöcke erweitert worden. Im Sommer 1989 reichten die Kapazitäten der Zentralen Aufnahmestelle des Landes Hessen nicht mehr aus – die Ex-DDR-Bürger wurden nun auch in ehemaligen Kasernen sowie in Alsfeld, Hünfeld und Wetzlar untergebracht. Nach der Wende dienten die Unterkünfte u. a. Menschen, die vor den Kriegen auf dem Gebiet des ehemaligen Jugoslawien und dem Bürgerkrieg in Syrien flüchteten. Im September 2018 wurde die Einrichtung am Standort Meisenbornweg geschlossen.

Zentrale Aufnahmestelle des Landes Hessen /
Bürogebäude, Meisenbornweg 13, 35398 Gießen

# »FÜR EIN OFFNES LAND MIT FREIEN MENSCHEN«

NIKOLAIKIRCHHOF, LEIPZIG

Nach der Sommerpause begannen am 4. September 1989 wieder die montäglichen Friedensgebete in der Nikolaikirche. Da zur gleichen Zeit die traditionelle Herbstmesse mit internationalem Publikum stattfand, hatten die staatlichen Behörden im Vorfeld Bischof Johannes Hempel, Superintendent Friedrich Magirius und den Gemeindepfarrer Christian Führer unter Druck gesetzt, die Friedensgebete auszusetzen – ohne Erfolg: Am 4. September kamen etwa 1.000 Menschen in der Nikolaikirche zum Friedensgebet zusammen, das an den Beginn des Zweiten Weltkriegs vor 50 Jahren erinnerte. Friedrich Magirius verband diese Thematik mit der politischen Gegenwart in der DDR und der Rolle der Kirche:»Weil wir uns unserer Geschichte des Krieges und der Nachkriegszeit mit all ihren Fehlern und ihrer Schuld stellen, werden wir uns bei aller Respektierung der Trennung von Staat und Kirche nicht auf einen innerkirchlichen Bereich begrenzen lassen.«

Im Anschluss an das Friedensgebet versammelten sich die Menschen auf dem Nikolaikirchplatz. Von hier aus wollten Aktivisten der Basisgruppen eine Demonstration zum Karl-Marx-Platz (heute Augustusplatz) durchführen, worüber man heimlich westliche Medienvertreter informiert hatte. Zur Illustration ihrer politischen Haltung hatten Katrin Hattenhauer und Gesine Oltmanns Transparente hergestellt:»Für ein offnes Land mit freien Menschen«, »Reisefreiheit statt Massenflucht«, »Gegen den Strom – Freies Reisen für alle« und »Vereinigungsfreiheit – Versammlungsfreiheit«. Als sich der Demonstrationszug in Bewegung setzte, griffen nach wenigen Metern Sicherheitskräfte ein und rissen den beiden jungen Frauen ihr Transparent »Für ein offnes Land mit freien Menschen« aus den Händen.

*Gesine Oltmanns (links) und Katrin Hattenhauer mit ihrem Transparent bei einer Demonstration in der Leipziger Innenstadt, 4. September 1989.*

Doch dies geschah in Anwesenheit westlicher Kamerateams, sodass die ARD-*Tagesschau* um 20 Uhr einen Bericht mit Filmmaterial über die Aktion landesweit sendete. Der Demonstrationszug bestand etwa zur Hälfte aus Menschen, die aus der DDR ausreisen wollten, und oppositionellen Gruppen, die sich für politische und gesellschaftliche Reformen im Land engagierten. Entsprechend skandierten Hunderte Ausreisewillige »Wir wollen raus!«, während viele Bürgerrechtler »Wir bleiben hier!« riefen. Dieser ersten Montagsdemonstration folgten in den kommenden Wochen regelmäßig weitere, denen sich eine stetig wachsende Zahl von Menschen aus der gesamten DDR anschloss. Die Leipziger Montagsdemonstrationen wurden zum Kristallisationskern für die Friedliche Revolution.

Nikolaikirchhof, 04109 Leipzig

# »NEUES FORUM – AUFBRUCH 89«

## HAUS VON KATJA HAVEMANN, GRÜNHEIDE (MARK)

Für die weitere Entwicklung der Oppositionsbewegung im Herbst 1989 wurde eine Zusammenkunft von Bürgerrechtlern in Altbuchhorst, einem Ortsteil des nahe bei Berlin gelegenen Grünheide, von besonderer Bedeutung: Am 9./10. September kamen auf Initiative von Bärbel Bohley Aktivisten von Basisgruppen zu einem überregionalen Treffen auf dem Grundstück von Katja Havemann. Bärbel Bohley, Katja Havemann und Rolf Henrich hatten dazu Personen eingeladen, die sie aus ihrem oppositionellen Umfeld kannten – u. a. Michael Arnold (Leipzig), Martin Böttger, (Cainsdorf), Erika Drees (Stendal), Katrin und Frank Eigenfeld (Halle), Olaf Freund (Dresden), Martin Klähn (Schwerin), Reinhard Meinel (Potsdam), Christine und Sebastian Pflugbeil (Berlin), Eva und Jens Reich (Berlin), Hanno Schmidt (Coswig), Reinhard Schult (Berlin), Jutta und Eberhard Seidel (Berlin), Rudolf Tschäpe (Potsdam), Hans-Jochen Tschiche (Samswegen) und Catrin Ulbricht (Dresden). Das Treffen war konspirativ geplant und der Ort mit Bedacht gewählt worden – hier hatte der reformkommunistische SED-Kritiker Robert Havemann jahrelang unter Hausarrest gelebt. Auch nach seinem Tod 1982 war das Haus seiner Frau Katja ein wichtiger Ort für Zusammenkünfte von Regimegegnern.

Bei dem Treffen im Spätsommer 1989 veröffentlichten die anwesenden Oppositionellen den Gründungsaufruf »Neues Forum – Aufbruch 89«, in dem eingangs festgestellt wurde: »In unserem Lande ist die Kommunikation zwischen Staat und Gesellschaft offensichtlich gestört. Beleg dafür ist die weit verbreitete Verdrossenheit bis hin zum Rückzug in die private Nische oder zur massenhaften Auswanderung. Fluchtbewegungen dieses Ausmaßes sind anderswo durch Not,

*Gründungstreffen des Neuen Forums am 9. und 10. September 1989 in Grünheide. Von links nach rechts: Bärbel Bohley, Jutta Seidel, Katja Havemann.*

Hunger und Gewalt verursacht. Davon kann bei uns keine Rede sein.« Gefordert wurde ein demokratischer Dialog über die Aufgaben des Rechtsstaates, von Wirtschaft und Kultur. Das NF sollte dafür eine politische Plattform für die ganze DDR bieten, »die es den Menschen aus allen Berufen, Lebenskreisen, Parteien und Gruppen möglich macht, sich an der Diskussion und Bearbeitung existentieller Gesellschaftsprobleme in diesem Lande zu beteiligen«. In programmatischer Hinsicht war der Gründungsaufruf des NF bewusst breit angelegt worden, sodass auf dieser Grundlage tatsächlich ein Forum eines übergreifenden demokratischen Meinungsaustausches stattfinden konnte. Der Aufruf war für die weitere Mobilisierung der Oppositionsbewegung von eminenter Bedeutung.

Haus von Katja Havemann / Wohnhaus,
Burgwallstraße 4, 15537 Grünheide (Mark)

# »DIE ZEIT IST REIF«

## JUGENDKLUB »MAXIM GORKI«, OST-BERLIN

Der Aufruf »Neues Forum – Aufbruch 89« zog schnell weite Kreise. Wenige Tage nach seiner Veröffentlichung trafen sich die Musiker Tamara Danz, Jürgen Eger, Toni Krahl u. a. mit Bärbel Bohley und kamen mit der Bürgerrechtlerin überein, dass sie sich für die Unterstützung des NF einsetzen würden.

Vor diesem Hintergrund kamen am 18. September 1989 im Jugendklub »Maxim Gorki« in Weißensee etwa 50 Rockmusiker und Liedermacher zusammen. In der von ihnen erarbeiteten Resolution erklärten sie: »Wir, die Unterzeichner dieses Schreibens, sind besorgt über den augenblicklichen Zustand unseres Landes, über den massenhaften Exodus vieler Altersgenossen, über die Sinnkrise dieser gesellschaftlichen Alternative und über die unerträgliche Ignoranz der Staats- und Parteiführung, die vorhandene Widersprüche bagatellisiert und an einem starren Kurs festhält. Es geht nicht um ›Reformen, die den Sozialismus abschaffen‹, sondern um Reformen, die ihn weiterhin in diesem Land möglich machen.«

Die Künstler begrüßten »ausdrücklich, dass Bürger sich in basisdemokratisch organisierten Gruppen finden, um die Lösung der anstehenden Probleme in die eigene Hand zu nehmen«, und fanden im Aufruf des NF »vieles, was wir selber denken und noch mehr, was der Diskussion und des Austausches wert ist«. Wie der Aufruf des NF schlossen die Künstler mit dem Satz »Die Zeit ist reif«, banden ihn jedoch in einen eigenen Aussagekontext ein: »Feiges Abwarten liefert gesamtdeutschen Denkern Argumente und Voraussetzungen. Die Zeit ist reif. Wenn wir nichts unternehmen, arbeitet sie gegen uns.« Unterzeichnet wurde die Resolution u. a. von Tamara Danz (*Silly*), Jürgen

*Am 18. September 1989 trafen sich oppositionelle Rockmusiker und Liedermacher im Jugendklub »Maxim Gorki« in Berlin-Weißensee.*

Eger, André Herzberg (*Pankow*), Toni Krahl (*City*), Bernd Römer (*Karat*) und Gerhard Schöne.

Zum Umgang mit der Resolution wurde verabredet, dass sie nur an DDR-Medien wie *ADN, Neues Deutschland* und *Junge Welt*, an die FDJ und an die Ministerien gegeben werden sollte, die die Künstler als für sie zuständig erachteten – die Ministerien für Kultur, des Innern und für Staatssicherheit. Weiterhin hatten die Rockmusiker und Liedermacher beschlossen, unabhängig davon, ob die DDR-Medien die Resolution veröffentlichen würden, den Text bei ihren Auftritten von der Bühne zu verlesen. Sie sorgten so für die Verbreitung der Resolution und der darin enthaltenen positiven Bewertung der politischen Anliegen des NF in weite Bevölkerungskreise hinein.

---

Jugendclub »Maxim Gorki« / Kinder- und Jugendklub Maxim,
Charlottenburger Straße 117, 13086 Berlin

# »DER AUFRUF SETZTE EINEN REFORMPROZESS IN GANG«

PAULSKIRCHE, SCHWERIN

Im Anschluss an den Gründungsaufruf des NF in Grünheide sammelten Aktivisten von Basisgruppen im ganzen Land Unterschriften für dessen Unterstützung. Martin Klähn war bei dem Treffen im Haus von Katja Havemann der einzige Vertreter der drei Nordbezirke gewesen. Nach Schwerin zurückgekehrt, machte er sich an die Verbreitung des Aufrufs und organisierte Unterschriftenlisten. Dabei konnte er auf eine informelle Struktur oppositioneller Zirkel bauen, die in der Bezirkshauptstadt seit 1987 entstanden waren. So hatte sich beispielsweise um Burkhard Bley, Roland Brock, Martin Klähn, Thomas Littwin, Uta Loheit und Dörte Wittenhagen ein Lesekreis gebildet, in dem über Wilhelm Reichs *Massenpsychologie des Faschismus*, Alexander Solschenizyns *Der Archipel Gulag*, Peter Weiss' *Die Ästhetik des Widerstands* und im Mai 1989 Rolf Henrichs *Der vormundschaftliche Staat* diskutiert wurde.

Im Herbst 1989 konnte Martin Klähn die beiden Pastoren der Paulskirchengemeinde, Hansjürgen Rietzke und Martin Scriba, dafür gewinnen, Gemeinderäume für eine Veranstaltung des NF zur Verfügung zu stellen. Doch statt der erwarteten 200 Menschen erschienen am 2. Oktober im und um das Gemeindehaus in der Bäckerstraße etwa 800 Interessierte. So zogen die Menschen in die etwa 700 Meter entfernte Paulskirche um – zur ersten Gründungsveranstaltung des oppositionellen NF in der DDR. Die Anwesenden waren nicht ausschließlich Schweriner, sondern kamen auch aus Crivitz, Güstrow, Parchim, Rostock, Wismar und anderen Mecklenburger Städten und Gemeinden. In der Paulskirche verlasen die Initiatoren des Treffens Martin Klähn, Uta Loheit und Thomas Littwin abwechselnd den Gründungsaufruf des

*Die Schweriner Paulskirche, in der am 2. Oktober 1989 die erste Gründungsveranstaltung des Neuen Forums stattfand.*

NF. Danach, so Martin Klähn, wurde diskutiert: »Was heißt das jetzt? Was wollen wir jetzt tun? Der Aufruf setzte einen Reformprozess in Gang, mit dem Alternativen zum Realsozialismus entwickelt werden sollten. Das Neue Forum bildete dabei eine Dialogplattform außerhalb der Kirche. In diesem Sinne fanden sich die Menschen in der Kirche zu Gruppen zusammen. Sie verabredeten Themen, die sie miteinander bearbeiten wollten – politische Reformen, Wirtschaftsreformen, ein neues Schulgesetz, Ökologiefragen. Man verabredete den Termin und einen Ort für ein erstes Treffen und dann verließen die Menschen miteinander diskutierend die Kirche.« Die Gründungsveranstaltung des NF wurde zum Anstoß für die Bildung zahlreicher oppositioneller Initiativgruppen in der gesamten Region.

Paulskirche, Am Packhof 8, 19053 Schwerin

# »WIR TRETEN AUS UNSEREN ROLLEN HERAUS«

KLEINES HAUS, DRESDEN

Vom 3. bis 6. Oktober 1989 kam es am Dresdner Hauptbahnhof zu gewalttätigen Auseinandersetzungen zwischen Ausreisewilligen und der Polizei. Hintergrund war die Schließung der Grenze zur ČSSR und zur Volksrepublik Polen, nachdem die Ausreise der DDR-Flüchtlinge in den bundesdeutschen Botschaften in Prag und Warschau von der SED-Führung genehmigt worden war. Nun wollten Demonstranten ihre Ausreise erzwingen, etwa 400 Personen machten sich entlang der Gleise auf den Weg nach Bad Schandau. Es kam zu Hunderten Festnahmen, militante Demonstranten warfen Steine und gingen mit Fahrradketten gegen Polizisten vor. Am Abend des 4. Oktober forderte der Erste Sekretär der Bezirksleitung der SED in Dresden, Hans Modrow, den Einsatz von Verbänden der NVA an, um der Lage Herr zu werden.

Im Kleinen Haus des Staatsschauspiels Dresden in der Neustadt – das Schauspielhaus war wegen Renovierung geschlossen – wurde an diesem Abend *Nina, Nina, tam kartina* ... von Werner Buhss gespielt. In der Pause verabredete das Spielensemble, nach der Aufführung die Resolution der Rockmusiker und Liedermacher zu verlesen. Die Reaktion des Publikums war überwältigend. Daraufhin beschloss eine Belegschaftsversammlung des Staatsschauspiels vor dem Hintergrund der aktuellen Ereignisse in Dresden eine eigene Resolution zu verfassen. Sie wurde nach der Vorstellung von Woody Allens *Spiel's nochmal, Sam* am 6. Oktober verlesen:»Wir treten aus unseren Rollen heraus. Die Situation in unserem Land zwingt uns dazu. Ein Land, das seine Jugend nicht halten kann, gefährdet seine Zukunft. Eine Staatsführung, die mit ihrem Volk nicht spricht, ist unglaubwürdig. Eine Parteiführung, die ihre Prinzipien nicht mehr auf Brauchbarkeit untersucht, ist zum

*Im Kleinen Haus des Staatsschauspiels Dresden wurde am 4. Oktober 1989 unter Applaus eine Resolution der Belegschaft verlesen.*

Untergang verurteilt. Ein Volk, das zur Sprachlosigkeit gezwungen wurde, fängt an, gewalttätig zu werden. Die Wahrheit muss an den Tag.« Deshalb nutze das Ensemble des Staatsschauspiels die Bühne, um das Recht auf Information, Dialog, selbstständiges Denken, Kreativität, Pluralismus im Denken, Widerspruch, Reisefreiheit und das Recht, neu zu denken, zu fordern. Zu den Pflichten des Ensembles gehöre es, den »Dialog zwischen Volk und Partei- und Staatsführung zu erzwingen«. Das Publikum spendete nicht enden wollenden Applaus. Vom Wiener Burgtheater erhielten die Dresdner Theaterschaffenden ein Telegramm mit einer Sympathieerklärung für die politische Haltung des Ensembles in der gegenwärtigen Situation. Die Resolution wurde auch an den folgenden Tagen und Wochen von der Dresdner Bühne verlesen.

Staatsschauspiel Dresden – Kleines Haus,
Glacisstraße 28, 01099 Dresden

# »WIR WOLLEN HIERMIT ZUM ÖFFENTLICHEN DIALOG ANREGEN«

LUXOR, KARL-MARX-STADT

In Karl-Marx-Stadt hatten Theaterschaffende für das 40. Gründungsjubiläum der DDR eine besondere Veranstaltung geplant: Im Filmtheater Luxor, das dem Musiktheater als Ausweichquartier für das im Umbau befindliche Opernhaus diente, wollte das Schauspielensemble der Bezirksstadt eine Lesung mit Texten von DDR-Schriftstellern und des NF im Rahmen eines Tages der offenen Tür durchführen. Hasko Weber, Leiter der Schauspielgruppe »Dramatische Brigade« und Initiator dieser Protestaktion, hatte am Tag zuvor mit dem Generalintendanten der Städtischen Theater, Gerhard Meyer, und dem 2. Sekretär der SED-Bezirksleitung, Lothar Weber, über die Veranstaltung gesprochen – und von dem SED-Funktionär die Empfehlung erhalten, von der Lesung abzusehen.

Am Vormittag des 7. Oktober war das Luxor bis auf den letzten Platz besetzt. Doch statt der erwarteten Lesung teilte der Intendant den erwartungsvollen Zuhörern mit, dass die Lesung wegen Überfüllung abgesagt werden müsse – was Hasko Weber korrigierte: Die Schauspieler dürften nicht auftreten. Daraufhin kam es zu Tumulten, die anwesende Stasi-Mitarbeiter durch Pöbeleien weiter anheizten. Auf dem Rang wurde ein Transparent befestigt mit der Forderung: »Reisefreiheit statt Massenflucht«.

Mit großer Mühe konnten schließlich Hasko Weber und Schauspieldirektor Hartwig Albiro die Zuschauer dazu bewegen, das Luxor zu verlassen. Die Menschen versammelten sich auf dem Vorplatz und begannen schweigend in Richtung Innenstadt zu gehen. Der stille Protestmarsch umfasste etwa 900 Personen und wurde schließlich von Polizei und Kampfgruppen gewaltsam aufgelöst.

80

*Protestdemonstration vor dem Karl-Marx-Städter Luxor-Theater am 7. Oktober 1989.*

Doch damit war der Protest in Karl-Marx-Stadt für diesen Tag nicht beendet. Aus Empörung über die verhinderte Lesung und die gewaltsame Auflösung der Demonstration verfasste Hasko Weber mit anderen Schauspielern eine Resolution. Sie wurde nach der Abendvorstellung des Staatsschauspiels Dresden, das im Karl-Marx-Städter Schauspielhaus eine Gastaufführung gab, von Schauspieldirektor Hartwig Albiro verlesen: »Wir wollen hiermit zum öffentlichen Dialog anregen, in dem Beschönigungen und öffentliche Selbstzensur keinen Platz finden dürfen. Die Form des Protestes verstehen wir als letztes und erstes Mittel den rasanten Verfall gesamtgesellschaftlichen Vertrauens aufzuhalten.«

Die geplante Lesung im Luxor, die anschließende Demonstration und die Resolution der Schauspieler gaben den Auftakt zur Friedlichen Revolution in Karl-Marx-Stadt. Daran erinnert heute ein Gedenkstein vor dem Luxor.

Luxor, Hartmannstraße 11, 09113 Chemnitz

# »IN GEFAHR GERÄT, WER DIE ANSTÖSSE AUS DER GESELLSCHAFT NICHT BERÜCKSICHTIGT«

NEUE WACHE, OST-BERLIN

Trotz Demokratiebewegung, wirtschaftlichem Niedergang und Massenflucht – zum 40. Jubiläum der Gründung der DDR ließ es sich die SED-Führung nicht nehmen, sich mit Pomp und Gloria feiern zu lassen. So waren die Festivitäten anlässlich der Staatsgründung auf zwei Tage angesetzt worden. Als Ehrengast reiste der sowjetische Staats- und Parteichef Michail Gorbatschow mit seiner Frau Raissa an. Auf einer Tribüne konnten sie am Abend des 6. Oktober zusammen mit der SED-Politprominenz sowie Jassir Arafat (PLO), Nicolae Ceaușescu (Rumänien), Miloš Jakeš (ČSSR), Wojciech Jaruzelski (Polen), Daniel Ortega (Nicaragua), Todor Schiwkow (Bulgarien) und weiteren internationalen Freunden der DDR dem Fackelzug von etwa 75.000 FDJ-Mitgliedern auf der Straße Unter den Linden beiwohnen. Damit wurde eine Brücke zur DDR-Gründung vor 40 Jahren geschlagen, als am 11. Oktober 1949 die FDJ ebenfalls einen Fackelzug in Berlins Mitte veranstaltet hatte.

Doch was der sowjetische Reformkommunist seinen Genossen vom SED-Politbüro am nächsten Vormittag im Schloss Schönhausen zu sagen hatte, konnte der DDR-Führungsriege nicht gefallen. Zuvor traf sich Gorbatschow zu einem Gespräch mit Honecker, der von den wirtschaftlichen Errungenschaften der DDR berichtete. Gorbatschow, der über die ökonomische Situation des Bruderstaates bestens informiert war, fühlte sich für dumm verkauft und notierte später: »Ich war entsetzt. Drei Stunden unterhielt ich mich mit ihm. Und er fuhr fort, mich von den mächtigen Errungenschaften der DDR überzeugen zu wollen.« Gegenüber den Mitgliedern des SED-Politbüros machte der Vorsitzende der KPdSU dann deutlich, wie angesichts der Veränderun-

*Michail Gorbatschow und seine Frau Raissa auf dem Weg in den Palast der Republik in Ost-Berlin, 7. Oktober 1989.*

gen in der Sowjetunion, in Polen und in Ungarn die Zeichen der Zeit stehen: »Ich halte es für sehr wichtig, den Zeitpunkt nicht zu verpassen und keine Chance zu vertun. Die Partei muss ihre eigene Auffassung haben, ihr eigenes Herangehen vorschlagen. Wenn wir zurückbleiben, bestraft uns das Leben sofort.« Journalisten formten daraus eine griffige Formulierung, die zum geflügelten Wort werden sollte: »Wer zu spät kommt, den bestraft das Leben.«

Michail Gorbatschow vertrat seine Position während seines Besuches auch gegenüber westlichen Journalisten. Nach einer feierlichen Kranzniederlegung beim Mahnmal für die Opfer des Faschismus in der Neuen Wache stellte er sich den Fragen der Reporter und erklärte mit Blick auf die Zustände in der DDR: »In Gefahr gerät, wer die Anstöße aus der Gesellschaft nicht berücksichtigt.«

---

Neue Wache, Unter den Linden 4, 10117 Berlin

# »WIR BLEIBEN HIER!«

## PALAST DER REPUBLIK, OST-BERLIN

Nachdem die SED-Führung zusammen mit ihrem Ehrengast Michail Gorbatschow und anderen internationalen Gästen auf einer Tribüne in der Karl-Marx-Allee die Militärparade zum 40. Gründungsjubiläum der DDR abgenommen hatte, wurde am frühen Abend zum feierlichen Festakt in den Palast der Republik geladen. Zur gleichen Zeit sammelten sich am Alexanderplatz zusehends mehr Menschen, die wie jeden 7. des Monats gegen die Fälschungen bei der Kommunalwahl und für demokratische Reformen demonstrierten. Gegen 17.20 Uhr setzte sich ein Protestmarsch in Bewegung, der jedoch vor dem Palast der Republik am Spreeufer gestoppt wurde. Die Demonstranten skandierten »Gorbi, Gorbi«, »Keine Gewalt«, »Neues Forum«, »Demokratie – jetzt oder nie« und – nicht wie oft zuvor – »Wir wollen raus«, sondern »Wir bleiben hier!«. Im Palast der Republik hielt sich Andrej Hermlin auf. Er sollte dort im Linden-Restaurant mit seiner Swing Dance Band vor verdienten Arbeitern und Funktionären spielen. Die Anwesenden konnten auf der anderen Seite der Spree die Demonstranten sehen. Hermlin notierte dazu: »Es herrschte eine angespannte Stimmung. Überall im Foyer standen Grüppchen und diskutierten. Jeder spürte, dass etwas in der Luft lag. Die einen hatten Angst vor einer chinesischen Lösung, die anderen vor der Konterrevolution.«

Dessen ungeachtet fand im Großen Saal des Palastes das Festprogramm für die Staatsgäste statt, musikalisch begleitet von den Leipziger Thomanern, einem Chor der Staatsoper und dem Trompeten-Virtuosen Ludwig Güttler. Doch nachdem Gorbatschow die Veranstaltung verlassen und in Schönefeld abgeflogen war, sollten die Machtverhältnisse im Land wieder verdeutlicht werden. Nach dem von Erich Mielke

*Rangelei beim Protestzug, der am 7. Oktober 1989 in Ost-Berlin vom Alexanderplatz zum Palast der Republik führte.*

verkündeten Motto »Jetzt ist Schluss mit dem Humanismus!« gingen die Sicherheitskräfte in der Nacht des 7. Oktober und am folgenden Tag mit massiver Härte und großer Brutalität im gesamten Land gegen friedliche Demonstranten vor. Allein in Ost-Berlin kam es zu 1.200 »Zuführungen«. Viele der Verhafteten wurden in den Gefängnissen drangsaliert.

Im Rückblick hält Andrej Hermlin für diesen Jahrestag der Gründung der DDR fest: »Trotz der Geschehnisse mit den prügelnden Polizisten ist mir von diesem 7. Oktober vor allem eins in Erinnerung geblieben: dieses Raumschiffgefühl im Palast, der völlig abgenabelt war von der Realität in der DDR. Das werde ich nie vergessen, weil es das Ende der DDR, das ja viel früher begonnen hatte, symbolisierte.«

Palast der Republik / Berliner Schloss, Schlossplatz 1, 10178 Berlin

# »IN FUNK, FERNSEHEN UND PRESSE DER DDR WERDEN WIR OFFEN FÜR UNMÜNDIG ERKLÄRT«

THEATERPLATZ, PLAUEN

Am Tag der 40. Gründungsfeier der DDR kam es zur ersten nicht offiziellen Massendemonstration in dem realsozialistischen Staat: Der 22-jährige Werkzeugmacher Jörg Schneider hatte für den Nachmittag zu einer Protestdemonstration auf dem Theaterplatz von Plauen aufgerufen – und Tausende Menschen kamen. Dazu hatte er ein kurzes Flugblatt verfasst, in dem Versammlungs-, Demonstrations- und Streikrecht, Meinungs- und Pressefreiheit, die Zulassung des NF, freie und demokratische Wahlen, die Zulassung unabhängiger Parteien und Umweltgruppen sowie Reisefreiheit für alle gefordert wurden – ein breiter Katalog, der doch sehr weitsichtig war. In einer längeren Fassung des Aufrufs stellte der junge Werkzeugmacher fest: »Seit Monaten führt das SED-Regime eine bisher beispiellose Hetz- und Verleumdungskampagne gegen alle demokratisch gesinnten Kräfte in Europa! Doch am schlimmsten sind die Fußtritte des SED-Regimes gegen das eigene Volk! In Funk, Fernsehen und Presse der DDR werden wir offen für unmündig erklärt. Die SED betreibt eine zügellose Volksverhetzung. Ein weltweiter Skandal war die Erklärung der Volkskammer der DDR zu den Vorgängen in China, die gleichzeitig als Drohung für das eigene Volk gedacht war.«

Zunächst trafen am Nachmittag des 7. Oktober einige Hundert Menschen auf dem Theaterplatz ein. Daraus entwickelte sich schnell ein Demonstrationszug, dem sich Tausende anschlossen. Über dem Protestmarsch kreiste ein niedrig fliegender Polizeihubschrauber. Die VP ging mit Schlagstöcken und zu Wasserwerfern umfunktionierten Löschfahrzeugen der städtischen Feuerwehr gegen die Demonstranten vor. Schockiert über diesen Einsatz seiner städtischen Kamera-

*Mit Wasserwerfern gehen die Ordnungskräfte am 7. Oktober 1989 gegen Demonstranten auf dem Plauener Marktplatz vor.*

den auf Befehl der VP, erklärte der Leiter der Freiwilligen Feuerwehr, Gerold Kny, gegenüber der Leitstelle, dass seine Leute nicht gegen die Demonstranten vorgehen würden. Inzwischen war der Demonstrationszug auf etwa 15.000 bis 20.000 Menschen angewachsen, was einem Viertel der Einwohnerzahl Plauens entsprach. Als die Demonstration vor dem Rathaus war, konnte Superintendent Thomas Küttler im Gespräch mit Oberbürgermeister Norbert Martin erreichen, dass der Hubschrauber abgezogen wurde. Der Theologe wirkte per Megafon beruhigend auf die aufgebrachte Menge ein, woraufhin die meisten friedlich nach Hause gingen. Dennoch kam es am Abend zu Festnahmen.

Mit der beeindruckenden Massendemonstration schrieben die mündig gewordenen Plauener Bürger Geschichte, was jedoch erst später über die Grenzen der vogtländischen Stadt hinaus bekannt werden sollte.

Theaterplatz, 08523 Plauen

# »ENTMONOPOLISIERUNG, DEMOKRATISIERUNG UND TEILUNG DER MACHT IN STAAT UND GESELLSCHAFT«

PFARRHAUS, SCHWANTE

Am 7. Oktober 1989 wurde noch ein weiterer Kontrapunkt zu den offiziellen Feierlichkeiten der Staatsgründung gesetzt: Mit Bedacht wählten demokratisch, sozial und ökologisch orientierte Menschen dieses Datum zur Gründung einer eigenen Partei, die dem politisch-gesellschaftlichen Machtmonopol der SED etwas entgegensetzen sollte – die Sozialdemokratische Partei in der DDR (SDP). Die Versammlung im Pfarrhaus von Schwante war gründlich und konspirativ vorbereitet worden. Seit August zirkulierte ein Gründungsaufruf in oppositionellen, kirchennahen Kreisen, der von Martin Gutzeit und Markus Meckel verfasst worden war. Gutzeit und Meckel kannten sich bereits seit 1974, als sie gemeinsam am Berliner Sprachenkonvikt Theologie studierten. Die beiden gründeten einen eigenständigen Hegel-Kreis, engagierten sich in den 1980er Jahren in der unabhängigen Friedensbewegung und unternahmen seit dem Sommer 1988 mit dem Projekt »Bürgerbeteiligung« den Versuch, über verbindlichere Strukturen mehr Handlungsfähigkeit für die Opposition zu gewinnen.

Im Pfarrhaus von Schwante verabschiedeten die 43 Anwesenden neben der Gründungsurkunde der SDP auch ein Statut für die neue Partei. Darin wandten sich die Oppositionellen gegen die Alleinherrschaft der SED und erklärten in § 5: »In entschiedener Ablehnung allen totalitären politischen Denkens und Handelns bemüht sich die SDP in Zusammenarbeit und gleichberechtigtem Wettstreit mit anderen demokratischen Kräften um die Entmonopolisierung, Demokratisierung und Teilung der Macht in Staat und Gesellschaft mit dem Ziel des Aufbaus einer ökologisch orientierten sozialen Demokratie.« Als Sprecher der SDP wählten die Gründungsmitglieder Stephan Hilsberg,

*Teilnehmer des Gründungstreffens der Sozialdemokratischen Partei in der DDR vor dem Pfarrhaus in Schwante am 7. Oktober 1989.*

zweite Sprecher wurden Angelika Barbe und Markus Meckel. In einer programmatischen Rede erklärte Meckel, der wenig später als DDR-Außenminister an den Zwei-plus-Vier-Verhandlungen beteiligt sein sollte, im Hinblick auf die deutsche Frage: »Wir anerkennen die Zweistaatlichkeit Deutschlands als Folge der schuldhaften Vergangenheit unseres Volkes. Damit sind künftige Optionen im Rahmen einer europäischen Friedensordnung nicht ausgeschlossen, doch können sie jetzt nicht handlungsorientierte politische Ziele sein.« Am folgenden Tag gab Thomas Krüger den Westmedien die Gründung der neuen Partei bekannt. Sie engagierte sich von Beginn an überregional und musste wie andere oppositionelle Gruppen ohne die Unterstützung eines logistischen Apparats agieren.

Pfarrhaus Schwante / Wohnhaus, Dorfstraße 31, 16727 Oberkrämer

# »GRUPPE DER 20«

RATHAUS, DRESDEN

Am Tag nach dem 40. Staatsjubiläum der DDR demonstrierten in Dresden wieder Tausende. Da der Bahnhofsvorplatz von der Polizei abgeriegelt war, marschierten die Demonstranten vom Hauptbahnhof entlang der Prager Straße zum Theaterplatz und wieder zurück. Schließlich umringte die Polizei am Abend vor dem Bahnhof in der Prager Straße etwa 20.000 Menschen. In dieser äußerst angespannten Situation kam es spontan zu einer Verständigung zwischen dem Demonstranten Frank Richter, Kaplan der Dresdner Hofkirche, und Detlef Pappermann, Offizier der VP – beide Seiten wollten den Ausbruch von Gewalt verhindern.

In der Kreuzkirche erfuhr Pfarrer Christof Ziemer von der Einkesselung der Demonstranten und traf dort Vorbereitungen, dass fliehende Menschen in der Kirche Zuflucht finden konnten. Die Kreuzkirche war seit Beginn der 1980er Jahre ein Ort, wo oppositionelle Gruppen wie die Friedensbewegung und der Ökologische Arbeitskreis ihre Aktivitäten entfalteten. Am Abend des 8. Oktober konnte Pfarrer Ziemer in einem Telefonat mit Oberbürgermeister Wolfgang Berghofer ein sofortiges Gespräch im Rathaus vereinbaren, an dem auch Landesbischof Johannes Hempel und Oberlandeskirchenrat Reinhold Fritz teilnahmen. Angesichts der brisanten Lage in der Prager Straße appellierte Ziemer an Berghofer zu handeln. Berghofer versuchte, den Ersten Sekretär der SED-Bezirksleitung zu erreichen. Doch Hans Modrow besuchte gerade die Aufführung von Beethovens *Fidelio* in der Semperoper. So willigte der Oberbürgermeister eigenmächtig in den Vorschlag Ziemers ein, am nächsten Vormittag eine Abordnung der Demonstranten zum Gespräch zu empfangen.

*Mitglieder der oppositionellen »Gruppe der 20« informieren die Bevölkerung in der Dresdner Hofkirche über die Gespräche mit Politikern, 17. Oktober 1989.*

Ziemer, Hempel und Fritz fuhren daraufhin zu den Eingekesselten in der Prager Straße. Per Megafon informierte der Pfarrer der Kreuzkirche die Demonstranten über das Gesprächsangebot Berghofers, was diese mit Applaus quittierten. Inzwischen hatten Frank Richter und sein Kaplan-Kollege Andreas Leuschner unter den Demonstranten 20 Personen gesucht, die zu einem Dialog mit der Staatsmacht bereit waren. Die Kapläne achteten bei ihrer Auswahl darauf, dass die »Gruppe der 20« möglichst heterogen zusammengesetzt war. Tatsächlich begannen am 9. Oktober im Rathaus Gespräche der Gruppe mit dem Oberbürgermeister über die von den Demonstranten artikulierten Forderungen wie Zulassung des NF, Freilassung aller Inhaftierten, Reisefreiheit etc. In der Folge wurde die »Gruppe der 20« zu einer wichtigen Einrichtung für das Gelingen der Friedlichen Revolution in Dresden.

Rathaus, Dr.-Külz-Ring 19, 01067 Dresden

# »WIR BITTEN SIE DRINGEND UM BESONNENHEIT, DAMIT DER FRIEDLICHE DIALOG MÖGLICH WIRD«

GEWANDHAUS, LEIPZIG

Nach dem Friedensgebet am 4. September 1989 in der Nikolaikirche kamen in den folgenden Wochen stetig mehr Menschen zum montäglichen Gebet und der sich daran anschließenden Demonstration – am 25. September waren es bereits 6.000, am 2. Oktober schon mehr als 10.000 Demonstranten. Allerdings griffen nun vor der Thomaskirche Sicherheitskräfte mit Hunden und Schlagstöcken ein. Zahlreiche Menschen wurden verletzt und verhaftet. In der Folge entwickelte sich in der Stadt eine sehr angespannte Atmosphäre. Dazu trugen auch Maßnahmen wie die Veröffentlichung eines Leserbriefs des Kommandeurs einer Kampfgruppen-Hundertschaft, Günter Lutz, in der *Leipziger Volkszeitung* bei. Lutz stellte im Hinblick auf die Friedensgebete in der Nikolaikirche fest: »Wir fühlen uns belästigt, wenn wir nach getaner Arbeit mit diesen Dingen konfrontiert werden.« Im Auftrag seiner Kampfgruppen-Hundertschaft erklärte Lutz deshalb: »Wir sind bereit und willens, das von uns mit unserer Hände Arbeit Geschaffene wirksam zu schützen, um diese konterrevolutionären Aktionen endgültig und wirksam zu unterbinden. Wenn es sein muss, mit der Waffe in der Hand!« Die Staatsmacht stellte für Montag, den 9. Oktober, ein massives Aufgebot an Polizei, NVA, Stasi-Mitarbeitern und Kampfgruppen bereit. In der Stadt gab es auch Gerüchte, wonach sich die Krankenhäuser auf die Einlieferung von Verletzten vorbereiteten.

Angesichts dieser spannungsgeladenen Stimmung war der Kapellmeister des Gewandhauses, Kurt Masur, sehr beunruhigt. Auf seine Initiative hin kam es zu einem raschen Treffen der Sekretäre der SED-Bezirksleitung Kurt Meyer, Jochen Pommert und Roland Wötzel sowie dem Pfarrer Peter Zimmermann und dem Kabarettisten Bernd-Lutz

*Kurt Masur bei einem Gesprächsforum im Leipziger Gewandhaus am 22. Oktober 1989.*
*Von links nach rechts: Bernd-Lutz Lange, Roland Wötzel, Peter Zimmermann,*
*Kurt Masur, Jochen Pommert und Kurt Meyer.*

Lange. Gemeinsam verfassten sie einen Aufruf: »Unsere gemeinsame Sorge und Verantwortung haben uns heute zusammengeführt. Wir sind von der Entwicklung in unserer Stadt betroffen und suchen nach einer Lösung. Wir alle brauchen einen freien Meinungsaustausch über die Weiterführung des Sozialismus in unserem Land. Deshalb versprechen die Genannten heute allen Bürgern, ihre ganze Kraft und Autorität dafür einzusetzen, dass dieser Dialog nicht nur im Bezirk Leipzig, sondern auch mit unserer Regierung geführt wird. Wir bitten Sie dringend um Besonnenheit, damit der friedliche Dialog möglich wird.« Kurt Masur sprach den Text im Gewandhaus auf Band. Der Aufruf der Leipziger Sechs sollte den Verlauf des 9. Oktobers in Leipzig maßgeblich prägen.

---

Gewandhaus, Augustusplatz 8, 04109 Leipzig

# »WIR SIND DAS VOLK«

## EVANGELISCH REFORMIERTE KIRCHE, LEIPZIG

Am 9. Oktober 1989 fürchteten die Menschen in Leipzig, dass die Oppositionsbewegung wie vier Monate zuvor auf dem Tian'anmen-Platz in Peking blutig niedergeschlagen werden könnte. Das massive Aufgebot von Sicherheitskräften nährte die Furcht vor einer »chinesischen Lösung«. Dennoch waren an diesem Tag neben der Nikolaikirche auch die Thomaskirche, die Michaeliskirche und die Evangelisch Reformierte Kirche für die Friedensgebete geöffnet und sehr gut besucht. Während der Friedensgebete eilte Peter Zimmermann von Kirche zu Kirche und bat die Pfarrer eindringlich, den Aufruf zur Besonnenheit der Leipziger Sechs zu verlesen, was diese auch taten. Als die Besucher der Friedensgebete anschließend aus den Kirchen traten, erwartete sie ein überwältigendes Bild: Über 70.000 Menschen waren zusammengekommen, um für Reformen in der DDR zu demonstrieren. Auf die existenzielle Notwendigkeit, den Protest friedlich zu bekunden und auf Gewalt zu verzichten, wiesen der Arbeitskreis Gerechtigkeit, die Arbeitsgruppe Menschenrechte sowie die Arbeitsgruppe Umweltschutz in einem Flugblatt hin, das in einer Auflage von 30.000 verteilt wurde: »Wir haben Angst. Angst um uns selbst, Angst um unsere Freunde, um den Menschen neben uns und Angst um den, der uns da in Uniform gegenübersteht. Wir haben Angst um die Zukunft unseres Landes. Gewalt schafft immer nur Gewalt. Gewalt löst keine Probleme.« Und hervorgehoben waren die Sätze: »Wir sind ein Volk! Gewalt unter uns hinterlässt ewig blutende Wunden!«

Tatsächlich zogen die Massen an diesem Abend friedlich über den Ring. Weder griffen die zahlreich anwesenden Sicherheitskräfte ein, noch provozierten die Demonstranten einen solchen Eingriff. Beruhi-

*Blick vom Turm der Evangelisch Reformierten Kirche in Leipzig auf die Demonstration am 9. Oktober 1989.*

gend wirkte dabei auch der Aufruf der Leipziger Sechs: Kurt Masurs Bandaufnahme wurde vom Leipziger Stadtfunk über 200 Lautsprecheranlagen in der gesamten Stadt gesendet. Die prägende Parole dieser Massendemonstration war »Wir sind das Volk«. Sie sollte in den nächsten Wochen zum Inbegriff der Friedlichen Revolution werden. Schließlich sorgten die beiden oppositionellen Filmemacher Aram Radomski und Siegbert Schefke dafür, dass das »Wunder von Leipzig« in ganz Deutschland wahrgenommen werden konnte: Radomski und Schefke hatten den Pfarrer der Evangelisch Reformierten Kirche, Hans-Jürgen Sievers, dazu bewegen können, sie vom Kirchturm aus Filmaufnahmen von der Protestdemonstration machen zu lassen. Am nächsten Tag wurden die Aufnahmen in den ARD-*Tagesthemen* gesendet.

---

Evangelisch Reformierte Kirche, Tröndlinring 7, 04105 Leipzig

# »ICH WILL SO NICHT MEHR WEITERLEBEN«

## ST. GEORGEN-KIRCHE, HALLE

Anders als in Leipzig, Dresden, Magdeburg und weiteren Städten nahm die Montagsdemonstration in Halle keinen friedlichen Verlauf. Am frühen Abend fanden sich zwischen 1.000 und 2.000 Menschen auf dem Marktplatz ein. Vor der Marktkirche wurde ein großes Transparent mit den Slogans entfaltet:»Gewaltloses Widerstehen – Schweigen für Leipzig – Schweigen für Reformen – Schweigen fürs Hierbleiben«. Daraufhin wurde der Marktplatz abgeriegelt und es erfolgte ein massiver Einsatz von VP und Stasi-Mitarbeitern gegen Demonstranten und Passanten, bei dem zahlreiche Personen verletzt und über 40 zugeführt wurden. Für den Bürgerrechtler Frank Eigenfeld, der mit seiner Frau Katrin im September in Grünheide den Gründungsaufruf des NF mit erarbeitet, diesen anschließend in der Saalestadt verbreitet und die erste große Montagsdemonstration in Halle mitorganisiert hatte, stellte sich die Lage als sehr beängstigend dar:»Der 9. Oktober war für mich ein Tag, wo wir noch nicht wussten, wie's weitergeht. Diese Aktion auf dem Markt war sehr brisant, höchst gefährlich.«

Doch die oppositionellen Hallenser ließen sich nicht einschüchtern: Am nächsten Tag richteten etwa 100 Menschen unter dem schützenden Dach der Georgenkirche eine»Mahnwache für die zu Unrecht Inhaftierten« ein. Hier konnten betroffene Bürger persönlich oder über ein Kontakttelefon ihre Erfahrungen während der Ereignisse rund um die Montagsdemonstration berichten. Diese Ausführungen von Opfern und Zeugen der staatlichen Übergriffe wurden von den Aktivisten der Mahnwache protokolliert. Die Mahnwache setzte sich für die Freilassung der Inhaftierten, deren Rehabilitierung und die Bestrafung von Sicherheitskräften ein, die Gewalt angewandt hatten.

*Teilnehmer einer Mahnwache für die politischen Gefangenen der DDR vor der Georgenkirche in Halle am 15. Oktober 1989.*

Die Ereignisse während der Montagsdemonstration sollten von einer unabhängigen Bürgerkommission untersucht werden. Darüber hinaus war die Mahnwache ein Ort, an dem offiziell unterdrückte Nachrichten ausgetauscht, Kontakte hergestellt und Resolutionen für Aushänge in Betrieben verfasst werden konnten.

Aus Polen erreichte die Mahnwache ein Gruß der Solidarność. Der Pfarrer der Georgengemeinde, Hans-Joachim Hanewinckel, beschreibt die Bedeutung der Mahnwache so: »Die Menschen hatten ihre Sprache wiedergefunden. Sie sprachen sich frei. Wir waren ein Multiplikator für politisches Engagement. Hier trafen sich der Pumpenwerker und der Professor. Die kamen zwar aus unterschiedlichen Lebenswelten, aber nach wenigen Minuten waren beide an einem gemeinsamen Punkt: ›Ich will so nicht mehr weiterleben.‹«

St. Georgen-Kirche, Glauchaer Straße 77, 06110 Halle (Saale)

# »WIDER DEN SCHLAF DER VERNUNFT«

ERLÖSERKIRCHE, OST-BERLIN

»Wider den Schlaf der Vernunft« – unter diesem Leitsatz organisierten Kulturschaffende in der Erlöserkirche am 28. Oktober 1989 eine Manifestation »Gegen Gewalt – für Demokratie«. Hintergrund der Veranstaltung bildeten die Verhaftungen und das schikanöse Verhalten der staatlichen Sicherheitskräfte am 7. und 8. Oktober. Das Motto war eine Anspielung auf Francisco de Goyas Radierung *Der Schlaf der Vernunft gebiert Ungeheuer*. An der fünfstündigen Veranstaltung nahmen etwa 4.500 Menschen teil. Die anwesenden Schriftsteller, darstellenden und bildenden Künstler, Musiker und Wissenschaftler, darunter Volker Braun, Günter de Bruyn, Daniela Dahn, Elke Erb, Heinrich Fink, Günther Fischer, Christoph Hein, Stephan Hermlin, Stefan Heym, Helga Königsdorf, Wolfgang Kohlhaase, Jochen Kowalski, Jochen Laabs, Siegfried Matthus, das Duo Mensching & Wenzel, Heiner Müller, Ulrich Plenzdorf, Jürgen Rennert, Christa Wolf und Ruth Zechlin, wandten sich gegen staatlichen Machtmissbrauch, polizeiliche Willkür und Drangsalierungen von zugeführten Demonstranten.

Auch Opfer der Ausschreitungen der Polizei wie Susanne Boeden kamen zu Wort. Die 18-Jährige hatte am 7. Oktober um 6.15 Uhr gemeinsam mit ihrer zwölfjährigen Schwester Marianne selbstverfasste handgeschriebene Zettel an Häuserwände geklebt. Darauf stand zu lesen: »Werdet aktiv. Tausende Bürger verlassen das Land. Demonstrationen werden niedergeknüppelt. Opposition ist illegal. Eine greise, starre Regierung feiert sich auf unglaubliche, verdächtige Weise (Fackelzug usw.). Stellt sich blind, taub, stumm. Nur wenn wir alle endlich den Mund aufmachen und gemeinsam handeln, gibt es für unser krankes Land Hoffnung.« Schnell wurden die beiden entdeckt und der Volks-

*Christa Wolf während der Veranstaltung »Gegen Gewalt – für Demokratie« in der Ost-Berliner Erlöserkirche am 28. Oktober 1989.*

polizei-Inspektion am Senefelder Platz zugeführt. Neben den polizeilichen Verhören wurden von Marianne und Susanne Boeden Geruchsproben genommen. Von den Polizisten wurden sie schikaniert und demütigend behandelt. Nach dem Bericht von Susanne Boeden in der Erlöserkirche erklärte ihr Vater: »Werdet aktiv, wenn ihr es noch nicht seid, bleibt aktiv für eine bessere sozialistische Gesellschaft, die zugleich humanistisch und demokratisch sein muss.« Daraufhin erhoben sich die 4.500 Anwesenden und applaudierten minutenlang. Später am Abend mutmaßte Christoph Hein, die Sicherheitskräfte hätten sich gegenüber Susanne Boeden so verhalten, »weil sie sicher waren, wir schweigen weiter wie bisher. Wir sind schuldig geworden an diesem Mädchen.«

Erlöserkirche, Nöldnerstraße 43, 10317 Berlin

# »ES IST, ALS HABE EINER DIE FENSTER AUFGESTOSSEN ...«

ALEXANDERPLATZ, OST-BERLIN

Der Niedergang der SED-Herrschaft wurde bei der ersten genehmigten nichtstaatlichen Demonstration in der DDR augenfällig. Der Verband der Theaterschaffenden hatte für den 4. November 1989 um 10 Uhr zu einer »Demonstration gegen Gewalt und für verfassungsmäßige Rechte« am Treffpunkt ADN-Gebäude aufgerufen. Dort versammelten sich Zehntausende Menschen und zogen am Palast der Republik vorbei zum Alexanderplatz, wo ebenfalls bereits Zehntausende zusammengekommen waren. Die Demonstranten hatten vielfältige Transparente dabei. An die Fassade des Staatsratsgebäudes wurde ein Plakat mit der Aufschrift befestigt: »Pluralismus statt Parteimonarchie«. Dies geschah unter den Augen der kaum präsenten Polizei, mit der die Organisatoren der Protestveranstaltung eine Sicherheitspartnerschaft geschlossen hatten. Die Veranstalter stellten ihrerseits Hunderte Ordner bereit, die Schärpen mit der Aufschrift »Keine Gewalt« trugen, um zur Sicherheit der etwa 300.000 Teilnehmer beizutragen. Die Kundgebung auf dem Alexanderplatz wurde live übertragen, sodass an diesem Sonnabend Millionen Menschen die etwa dreistündige Veranstaltung verfolgen konnten.

Zunächst trugen Schauspieler wie Marion van de Kamp, Johanna Schall, Ulrich Mühe und Jan Josef Liefers kurze Beiträge vor, in denen u. a. Artikel der DDR-Verfassung zitiert wurden. Rechtsanwalt Gregor Gysi wandte sich gegen jedweden Machtmissbrauch. Als Gründungsmitglied des NF trat Jens Reich auf, die Mitbegründerin der IFM Marianne Birthler ging auf die Übergriffe der Sicherheitskräfte am 7. Oktober ein und forderte die Rehabilitierung der Opfer. Von der DDR-Nomenklatura trugen der SED-Bezirkssekretär Günter Scha-

*Großdemonstration am 4. November 1989 durch Ost-Berlin zum Alexanderplatz.*

bowski und Generaloberst a. D. der Stasi, Markus Wolf, Reden vor, die durch Missfallensbekundungen des Publikums unterbrochen wurden. Weitere namhafte Künstler und Intellektuelle wie Lothar Bisky, Christoph Hein, Tobias Langhoff, Heiner Müller, Ekkehard Schall, Friedrich Schorlemmer, Steffi Spira, Joachim Tschirner und Christa Wolf traten gegen das Machtmonopol der SED und für demokratische Reformen wie Presse-, Meinungs- und Versammlungsfreiheit ein. Stefan Heym brachte die Atmosphäre der Großdemonstration und die derzeitige Stimmung im Land bildhaft zum Ausdruck: »Es ist, als habe einer die Fenster aufgestoßen nach all den Jahren der Stagnation, der geistigen, wirtschaftlichen, politischen. Den Jahren von Dumpfheit und Mief, von Phrasengewäsch und bürokratischer Willkür, von amtlicher Blindheit und Taubheit.«

Alexanderplatz, 10178 Berlin

# »DAS TRITT NACH MEINER KENNTNIS ... IST DAS SOFORT, UNVERZÜGLICH«

## INTERNATIONALES PRESSEZENTRUM, OST-BERLIN

Die anhaltende Fluchtbewegung vieler DDR-Bürger über Ungarn und die Tschechoslowakei in die Bundesrepublik zwang die SED-Führung zum Handeln. Deshalb beauftragte das Politbüro den Ministerrat mit der Ausarbeitung einer Reiseverordnung, die eine geregelte Ausreise von DDR-Bürgern mit Visa vorsah. Die Ausfertigung eines Visums war jedoch an einen Reisepass gebunden, den nur ein geringer Teil der Bevölkerung besaß. Da Antragstellung und Ausfertigung eines Reisepasses mehrere Wochen in Anspruch nahmen, würde sich entsprechend die Ausreisemöglichkeit vieler Bürger erheblich hinziehen – so das Kalkül.

Doch am 9. November 1989 kam alles anders. Politbüro und ZK der SED hatten am Nachmittag dem Entwurf der Reiseverordnung zugestimmt. Politbüro-Mitglied Günter Schabowski erhielt von Egon Krenz das Papier mit der Aufgabe, die neuen Bestimmungen auf einer für 18 Uhr angesetzten Pressekonferenz zu übermitteln. Doch als Schabowski das Presseamt der DDR im Haus Stern in der Mohrenstraße betrat, war er mit dem Wortlaut der Reiseverordnung nicht vertraut – er war bei der Sitzung des Politbüros nicht anwesend gewesen. Deshalb konnte er auf die Fragen der Journalisten während der Pressekonferenz, die live im DDR-Fernsehen übertragen wurde, bisweilen nur unsicher Antwort geben. Nachdem Schabowski erklärt hatte, dass nun »ständige Ausreisen« über »alle Grenzübergangsstellen der DDR zur BRD erfolgen« könnten, wurde er von einem Journalisten gefragt, wann diese Regelung in Kraft trete. Schabowski blätterte unsicher in seinen Papieren. Die Sperrfrist der Bekanntgabe der Reiseverordnung am Ende des Papiers übersah er offensichtlich. Schabowskis Antwort

*Pressekonferenz von Günter Schabowski am 9. November 1989.*

kam zögerlich und schrieb Weltgeschichte: »Das tritt nach meiner Kenntnis ... ist das sofort, unverzüglich.«

Es war 19 Uhr. In Berlin wie in Deutschland insgesamt brach ein neues Zeitalter an. Denn Schabowski hatte mit seinen uneindeutigen Darlegungen bezüglich der Reiseverordnung einen Interpretations-spielraum eröffnet, der im Westen bei den Medien als Ankündigung zur »Grenzöffnung« gedeutet wurde. So untertitelte die ARD-*Tages-schau* um 20 Uhr ihren Beitrag zu der Pressekonferenz: »DDR öffnet Grenze«. Die neuen Reiseregelungen, von Politbüro und ZK der SED zur Eindämmung der Fluchtbewegung gedacht, lösten das Gegenteil aus – einen Dammbruch, der zur Öffnung der DDR-Grenzen, zum Fall der Berliner Mauer, zum Ende des SED-Regimes und zur Wiederverei-nigung der beiden deutschen Staaten führte.

---

Internationales Pressezentrum / Bundesministerium der Justiz und für Verbraucherschutz, Mohrenstraße 37/38, 10117 Berlin

# »WIR FLUTEN JETZT! WIR MACHEN ALLES AUF!«

BÖSEBRÜCKE, OST-BERLIN

Die mediale Berichterstattung über die Äußerungen Günter Schabowskis während der Pressekonferenz zu neuen Reiseregelungen am 9. November 1989 bewirkte, dass sich im Verlauf des Abends mehr und mehr Menschen an den innerstädtischen Kontrollpunkten einfanden – auf der Ost- wie auf der Westseite. Völlig überrascht und überfordert waren von dem Andrang die Ost-Berliner Grenzschützer. Sie versuchten zwar, von höherer Ebene Auskünfte zu erhalten, wie sie sich angesichts der unübersichtlichen Situation verhalten sollten. Doch war von den oberen Dienststellen niemand zu erreichen, der eine adäquate Antwort hätte geben können. Zugleich forderten nun viele Ost-Berliner mit Nachdruck, dass sie die Grenze nach West-Berlin passieren durften.

Am Grenzübergang Bornholmer Straße im Bezirk Prenzlauer Berg drängten kurz nach 19 Uhr immer mehr Menschen auf den Durchlass zum westlichen Ortsteil Gesundbrunnen. Unter ihnen war Aram Radomski, der sich gleich nach der ominösen Mitteilung Schabowskis auf den Weg zum Grenzübergang gemacht hatte. Radomski war 1983 auf der Grundlage falscher Beschuldigungen zu einer sechsmonatigen Gefängnisstrafe verurteilt worden. Danach drehte er zusammen mit dem Journalisten Siegbert Schefke in der gesamten DDR Dokumentarfilme und übermittelte diese an westdeutsche Medien. Nachdem Radomski am Grenzübergang Bornholmer Straße mehrfach mit seinem Wunsch abgewiesen worden war, die Grenze zu passieren, verlangte er den diensthabenden Offizier zu sprechen. Dieser erklärte daraufhin, wer wolle, könne gehen. So gelangten kurz nach 21 Uhr die ersten DDR-Bürger durch eine Gittertür auf die Bösebrücke, die die Ortsteile

*Grenzübergang Bornholmer Straße am Abend des 9. November 1989.*

Prenzlauer Berg und Gesundbrunnen verbindet. Was die ersten Ausreisenden nicht wussten – ihr Personalausweis war beim Grenzübertritt ungültig gestempelt worden.

Im Verlauf des Abends wurde der Andrang von Ost-Berlinern an der Bösebrücke schließlich so stark, dass der leitende Offizier der MfS-Passkontrolle, Oberstleutnant Edwin Görlitz, gegen 23.30 Uhr die Kontrollen einstellte, die Schlagbäume öffnete und erklärte: »Wir fluten jetzt! Wir machen alles auf!« Damit stand der erste Ost-Berliner Grenzübergang frei zur Passage in den Westen der Stadt. Gegen Mitternacht folgten auch die anderen Übergänge. Abertausende Ost- und West-Berliner lagen sich in den Armen und feierten ein Ereignis, das so niemand geahnt oder vorhergesehen hatte: 28 Jahre nach ihrem Bau fiel das Symbol der Teilung Deutschlands – die Berliner Mauer war Geschichte.

Bösebrücke, Bornholmer Straße, 10439 Berlin

# »JETZT SIND WIR IN EINER SITUATION, IN DER WIEDER ZUSAMMENWÄCHST, WAS ZUSAMMENGEHÖRT«

RATHAUS SCHÖNEBERG, OST-BERLIN

Noch in der Nacht des 9. November 1989 und am gesamten nächsten Tag strömten die Berliner aus Ost und West zu den Grenzübergängen und feierten den Fall der Mauer. Die Bilder von fröhlichen Menschen auf der Mauer und von Trabis in West-Berlin rührten nicht nur Deutsche, sondern Menschen in der ganzen Welt. Vor Sparkassen und Banken bildeten sich lange Schlangen, denn der Regierende Bürgermeister Walter Momper hatte bereits in der Nacht die Auszahlung eines Begrüßungsgeldes an DDR-Bürger in Höhe von 100 DM angeordnet.

Willy Brandt, der 1961 als Regierender Bürgermeister ohnmächtig die Teilung der Stadt hatte hinnehmen müssen, war schon am Morgen nach dem Mauerfall mit einer britischen Militärmaschine nach Berlin geflogen. Am Brandenburger Tor wurde der Berliner Ehrenbürger von Tausenden Menschen begeistert empfangen und hielt eine kurze Ansprache. Für den Abend war Brandt zu einer Sitzung des Berliner Abgeordnetenhauses im Schöneberger Rathaus eingeladen. Zuvor gab er – neben zahlreichen anderen nationalen und internationalen Medien – dem SFB für die Sendung *Mittagsecho* des Hörfunks ein Interview im Schöneberger Rathaus, das später auch von anderen deutschen Rundfunkstationen gesendet wurde. Die darin enthaltene Botschaft wurde zum geflügelten Wort: »Dies war ein langer Weg, wir sind auch noch nicht am Ende des Weges. Und trotzdem ist es ein schöner Tag, weil sich bestätigt, dass die widernatürliche Trennung nicht Bestand hat. Sie haben recht, ich hab hier oft gestanden, vor allen Dingen am 16. August 1961, kann ich mich erinnern, da haben wir unsern Zorn, unsere Ohnmacht hinausgeschrien. Jetzt sind wir in einer Situation, in der wieder zusammenwächst, was zusammengehört. Das gilt für Eu-

*Kundgebung vor dem Rathaus Schöneberg in West-Berlin. Von links nach rechts: Willy Brandt, Walter Momper, Helmut Kohl und Hans-Jochen Vogel, 10. November 1989.*

ropa im Ganzen. Die Winde der Veränderung, die über Europa ziehen, konnten nicht an Deutschland vorbeiziehen.«

Am Abend fand gegen 19 Uhr auf dem John-F.-Kennedy-Platz vor dem Rathaus Schöneberg eine Großkundgebung statt, zu der der Berliner Senat anlässlich des Mauerfalls eingeladen hatte. Zu den mehr als 20.000 Menschen sprachen Bundeskanzler Helmut Kohl, der Regierende Bürgermeister Walter Momper, Bundesaußenminister Hans-Dietrich Genscher sowie der ehemalige Regierende Bürgermeister und Altkanzler Willy Brandt. Bundeskanzler Kohl wandte sich dabei direkt an die Führung der SED: »Ich appelliere an die Verantwortlichen in der DDR: Verzichten Sie jetzt auf Ihr Machtmonopol! Geben Sie den Weg frei für die Willensbildung des Volkes durch das Volk und für das Volk!«

Rathaus Schöneberg, John-F.-Kennedy-Platz, 10825 Berlin

# »RUHM DEN TSCHEKISTEN!«

## BEZIRKSVERWALTUNG DES AFNS, ERFURT

Anfang Dezember 1989 mehrten sich landesweit Beobachtungen in der Bevölkerung über rauchende Schornsteine in Niederlassungen der Stasi, die nun AfNS hieß. Der Verdacht wurde laut, dass AfNS-Mitarbeiter im großen Stil Akten vernichteten, die sie aufgrund der politischen Veränderungen einst selbst belasten könnten. Am 3. Dezember wurde bekannt, dass der Staatssekretär im Ministerium für Außenhandel und Leiter des Bereiches Kommerzielle Koordinierung (KoKo), Alexander Schalck-Golodkowski, vor dem Hintergrund von Ermittlungen über kriminelle Machenschaften der KoKo sich mit seiner Frau nach West-Berlin abgesetzt hatte.

Diese Nachrichten alarmierten die Bürgerrechtsbewegung. In Grünheide traf sich an diesem Tag der Ausschuss des Landessprecherrates des NF, der angesichts der Ereignisse einen Aufruf verfasste: »Diese Absetzbewegungen und Verschleierungsversuche müssen verhindert werden! Ruft Belegschaftsversammlungen zusammen, die Kontrollgruppen für die Verhinderung solcher Machenschaften einsetzen. Nach wie vor gilt: Keine Gewalt!«

Der Erfurter Vertreter bei der Sitzung des NF, Matthias Büchner, übermittelte noch am Abend per Telefon den Text an Barbara Ruge in die thüringische Bezirksstadt. Dort sorgten Manfred Ruge und Jens Fröbel in der Nacht dafür, dass am nächsten Morgen 4.000 Flugblätter mit dem Aufruf des NF verteilt werden konnten. In den frühen Morgenstunden des 4. Dezember ergriffen dann Angehörige der Gruppe Frauen für Veränderung die Initiative zur ersten Besetzung eines AfNS-Amtes in der DDR: Claudia Bogenhardt, Petra Büchner, Sabine Fabian, Almuth Falcke, Elisabeth Kaufhold, Angelika Schön, Kerstin

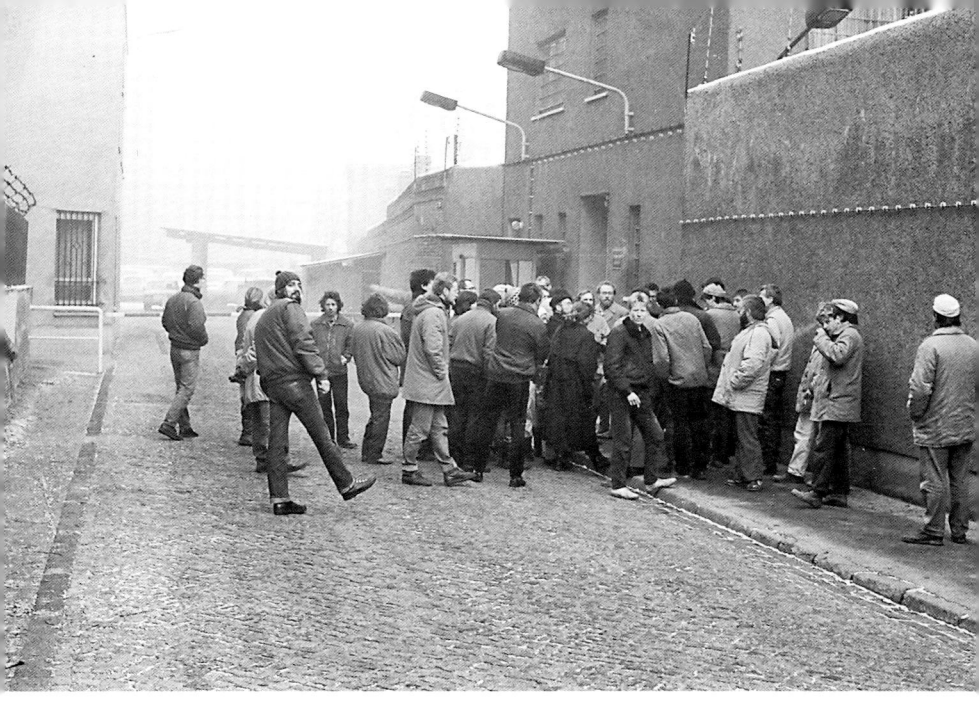

*Bürger vor dem Hintereingang des AfNS in Erfurt.*

Schön, Barbara Sengewald, Gabriele Stötzer u.a. mobilisierten weitere Bürger zur Bezirksverwaltung des AfNS und sorgten dafür, dass ein Militärstaatsanwalt ebenfalls dort erschien. Gegen 10 Uhr wurde eine Delegation von zehn Bürgerrechtsaktivisten in das Konferenzzimmer vorgelassen, wo sie an der Wand die Parole »Ruhm den Tschekisten!« lesen konnten. Doch so rühmlich verlief der Tag für die Staatsspitzel nicht: Bürger hatten die drei Zugänge des Hauses blockiert und kontrollierten nun ihrerseits die eintreffenden AfNS-Mitarbeiter, etwa 500 Erfurter inspizierten die Räumlichkeiten und der Militärstaatsanwalt versiegelte den Computerraum sowie das zentrale Archiv. Zur Verhinderung weiterer Aktenvernichtungen organisierten die Besetzer eine Bürgerwache und gründeten am folgenden Tag ein Bürgerkomitee zur Auflösung des Geheimdienstes.

---

Bezirksverwaltung des AfNS / Gedenk- und Bildungsstätte
Andreasstraße, Andreasstraße 37a, 99084 Erfurt

# »DAS GEFÜHL EINER UN-FASSLICHEN DANKBARKEIT, DASS ES JETZT NACH ÜBER 40 JAHREN SOWEIT WAR«

## »RUNDE ECKE«, LEIPZIG

Die Leipziger Montagsdemonstrationen über den Ring führten regelmäßig am Sitz der Bezirksverwaltung der AfNS an der »Runden Ecke« vorbei. Hier äußerten die Bürger lautstark ihren Unmut über das zentrale Unterdrückungsinstrument der SED. Deshalb postierten sich Angehörige des NF während der Montagsdemonstrationen vor das Gebäude mit Schärpen, auf denen »Keine Gewalt« stand. Die Aktivisten wollten deeskalierend wirken und schützten symbolisch als Ordner die Stasi-Bezirksverwaltung.

Angesichts der Anfang Dezember 1989 immer offensichtlicheren Maßnahmen zur Aktenvernichtung durch das AfNS waren Angehörige des NF in tiefer Sorge, dass es bei der Leipziger Montagsdemonstration am 4. Dezember, zu der wieder 100.000 und mehr Menschen erwartet wurden, zur Gewalteskalation an der »Runden Ecke« kommen könnte. Deshalb telefonierte Bärbel Bohley noch in der Nacht vom 3. auf 4. Dezember mit dem Rechtsanwalt des NF und SED-Mitglied, Gregor Gysi, und mit dem ehemaligen Leiter des Auslandsnachrichtendienstes der Stasi, Markus Wolf. Bohley bat Gysi und Wolf, sich über ihre Kontakte dafür einzusetzen, dass die Situation nicht außer Kontrolle geriet.

In Leipzig gingen Michael Arnold, Falk Hocquél, Tobias Hollitzer, Ansgar Müller und andere Bürgerrechtler von NF und DA kurz vor der Montagsdemonstration zur Bezirksverwaltung des AfNS und forderten Verhandlungen, was nach einigem Hin und Her genehmigt wurde. Beim Eintreffen des Demonstrationszuges stellte sich Falk Hocquél vor die »Runde Ecke« und rief die Bürger auf: »Bleibt friedlich vor dem Gebäude stehen, solange bis die Forderungen der oppositionellen Gruppen, die zurzeit im Gebäude sind, erfüllt sind. Diese Forderungen

*Der Anwalt Wolfgang Schnur (im März 1990 als IM enttarnt) spricht zu Demonstranten bei der Erstürmung der Stasizentrale am Leipziger Dittrichring, 4. Dezember 1989.*

lauten: Sofortige Besichtigung aller Räume und sofortige Versiegelung aller Räume.« Tatsächlich konnte an diesem Abend das verbliebene Aktenmaterial versiegelt werden. Zur Sicherung der Archive gründete sich in der Nacht das Bürgerkomitee Leipzig, dessen Aktivisten über die Verwahrung der Akten wachten. Das Bürgerkomitee Leipzig e. V. ist heute Träger der Gedenkstätte Museum in der »Runden Ecke«. Ansgar Müller stand in der Nacht auf dem gebogenen Balkon der »Runden Ecke«: »Es war ein Gefühl der Irrealität der Situation, andererseits auch einer unfasslichen Dankbarkeit, dass es jetzt nach über 40 Jahren soweit war. Und dass damit eben tatsächlich dieses Regime zusammengebrochen war.«

»Runde Ecke« / Gedenkstätte Museum in der »Runden Ecke«, Dittrichring 24, 04109 Leipzig

# »BESTANDTEIL DER ÖFFENTLICHEN KONTROLLE IN UNSEREM LAND«

DIETRICH-BONHOEFFER-HAUS, OST-BERLIN

Die politische Situation in der DDR war nach dem Fall der Mauer völlig instabil und unübersichtlich. Deshalb bemühte sich die Oppositionsbewegung, ihren Beitrag zu einer friedlichen Transformation des politischen Systems beizusteuern. So erklärte der Mitbegründer der IFM, Gerd Poppe, aus der Perspektive der Bürgerrechtsbewegung im Rückblick: »Nach dem Fall der Mauer drohte die Situation ein bisschen aus dem Ruder zu laufen. Das heißt, wir waren erstens an einer Stabilisierung des Landes interessiert und zweitens an der Machtfrage, also zumindest der Kontrolle der damaligen Regierung.« Dazu orientierte sich die Oppositionsbewegung an der politischen Entwicklung in Polen, wo seit Februar 1989 im Palais Radziwiłł in Warschau Gespräche zwischen der kommunistischen Parteiführung mit Vertretern des Gewerkschaftsbundes Solidarność an einem Runden Tisch stattfanden. Auf Initiative der Bürgerbewegung Demokratie Jetzt forderten bereits einen Tag nach dem Mauerfall Vertreter von DJ, DA, der Gründungsinitiative Grüne Partei, der IFM und der SDP »angesichts der krisenhaften Situation in unserem Land« die Einrichtung eines Runden Tisches.

Es dauerte jedoch noch fast einen Monat, bis die erste Sitzung des zentralen Runden Tisches am 7. Dezember 1989 im Dietrich-Bonhoeffer-Haus stattfinden konnte. Nun setzten sich paritätisch Vertreter des alten Regimes und Mitglieder von DJ, DA, IFM, NF, SDP, Vereinigte Linke (VL) sowie der Grünen Partei (GP) zu Gesprächen an einen (rechteckigen) Tisch, die von Kirchenvertretern moderiert wurden. Zentrales Anliegen der Vertreter der Bürgerbewegung bei den Verhandlungen war die demokratische Umgestaltung der DDR. Hierzu wurde bereits in der ersten Sitzung beschlossen, freie Volkskammerwahlen durchzu-

*Die ersten Gespräche am Runden Tisch im Dietrich-Bonhoeffer-Haus, 7. Dezember 1989.*

führen und eine Verfassung für die DDR zu erstellen. Darüber hinaus verstand sich der Runde Tisch als »Bestandteil der öffentlichen Kontrolle in unserem Land«.

Da die Räumlichkeiten im Dietrich-Bonhoeffer-Haus nicht ausreichten, fanden die Verhandlungen des zentralen Runden Tisches von der vierten Sitzung an im Schloss Schönhausen statt. Die Institution diente als Vorbild für die Einrichtung einer Vielzahl weiterer Runder Tische auf unterschiedlichen politischen Ebenen. Da die Vertreter des zentralen Runden Tisches nicht durch Wahlen legitimiert waren, fand die letzte Sitzung am 12. März 1990 statt – unmittelbar vor der letzten und einzigen freien Wahl zur Volkskammer am 18. März.

---

Dietrich-Bonhoeffer-Haus / Hotel Dietrich-Bonhoeffer-Haus,
Ziegelstraße 30, 10117 Berlin

# »MAN DARF DEN MENSCHEN NICHT IHRE VERGANGENHEIT KLAUEN«

## AMT FÜR NATIONALE SICHERHEIT, OST-BERLIN

Nach dem prinzipiellen Einverständnis der Alliierten im Kontext der Zwei-plus-Vier-Verhandlungen konnten die beiden deutschen Staaten den Weg zur Vereinigung gestalten. Als Ergebnis dieses Prozesses unterzeichneten die Verhandlungsführer Günther Krause (DDR) und Wolfgang Schäuble (BRD) am 31. August 1990 im Kronprinzenpalais den Einigungsvertrag. Er sah den Beitritt der DDR zur Bundesrepublik nach Art. 23 GG mit Wirkung vom 3. Oktober 1990 vor.

Für Empörung in breiten Kreisen der DDR-Bevölkerung, bei Bürgerkomitees und der Volkskammer sorgte allerdings der im Einigungsvertrag nicht berücksichtigte Umgang mit den Unterlagen der Staatssicherheit. Nach den Vorstellungen der Regierung von Helmut Kohl sollten die Stasi-Akten vernichtet oder dem Bundesarchiv in Koblenz mit einer 30-jährigen Sperrfrist überantwortet werden. Dagegen regte sich aktiver Widerstand: Am 4. September 1990 besetzten etwa zwei Dutzend Bürgerrechtler die Berliner Stasi-Zentrale – nach dem 15. Januar – ein weiteres Mal. Bärbel Bohley, Till Böttcher, Frank Ebert, Christian Halbrock, Ingrid Köppe, Reinhard Schult, Tom Sello u. a. setzten sich dafür ein, dass die Unterlagen in der DDR verblieben und stellten sich hinter das »Gesetz über die Sicherung und Nutzung der personenbezogenen Daten des ehemaligen Ministeriums für Staatssicherheit / Amtes für Nationale Sicherheit«, das die Volkskammer am 24. August verabschiedet hatte. Wolf Biermann, der am nächsten Tag die Besetzer besuchte, erklärte: »Man darf den Menschen, besonders denen, die man gequält hat, nicht ihre Vergangenheit klauen.« Doch auch die DDR-Regierung war gegen dieses Gesetz, und entsprechend restriktiv wollte Innenminister Peter-Michael Diestel mit den Besetzern der Stasi-Zentrale um-

*Christian Halbrock, Ingrid Köppe, Katja Havemann, Sabine Bergmann-Pohl (Rückansicht stehend) u. a. bei der Besetzung der ehemaligen Stasi-Zentrale in Ost-Berlin im September 1990.*

gehen – er stellte Strafanzeige wegen Hausfriedensbruch. Der Präsidentin der Volkskammer, Sabine Bergmann-Pohl, gelang es schließlich, die Zwangsräumung zu verhindern. Um ihren Forderungen Nachdruck zu verleihen, traten die Besetzer, die inzwischen durch die öffentliche Resonanz in den Medien vielfach Unterstützung fanden, ab 11. September in einen Hungerstreik. Die Besetzung hatte schließlich Erfolg: Das von der Volkskammer beschlossene Gesetz zum Umgang mit den Stasi-Akten fand doch noch Berücksichtigung in einer Zusatzklausel zum Einigungsvertrag. Dieses Gesetz gehört nach Auffassung von Ulrike Poppe »zu dem Wenigen, das wirklich von der ostdeutschen Mehrheit, von der Basis, von den neuen demokratischen Kräften gewollt war und auch gegen Widerstände im Westen durchgesetzt wurde«.

Amt für Nationale Sicherheit / Stasimuseum,
Ruschestraße 103, 10365 Berlin

# »ES IST EINE STUNDE GROSSER FREUDE, ES IST DAS ENDE MANCHER ILLUSION«

SCHAUSPIELHAUS, OST-BERLIN

Der 3. Oktober 1990 stellt einen historischen Tag für Deutschland und für Europa dar: Am Tag der Deutschen Einheit erfolgte die Wiedervereinigung der beiden deutschen Staaten, womit zugleich ein neues Kapitel in der europäischen Nachkriegsordnung aufgeschlagen wurde. Das Datum hatte keine symbolische Bedeutung, sondern war dem zufälligen Umstand geschuldet, einen Tag nach dem Treffen der Außenminister der KSZE-Staaten zu liegen: In einer Nachtsitzung der Volkskammer vom 22. auf den 23. August war über die Frage debattiert worden, wann der Beitritt der DDR zur Bundesrepublik erfolgen sollte. Nach langen Diskussionen hatte der ehemalige DDR-Außenminister Markus Meckel dafür plädiert, dass der Beitritt erst nach der Sitzung der KSZE-Außenminister in New York am 1./2. Oktober erfolgen sollte. Bei dieser Sitzung würden die Außenminister über die abschließende Regelung bezüglich Deutschland offiziell in Kenntnis gesetzt. So votierte die Mehrheit der Volkskammerabgeordneten für den 3. Oktober als Beitrittsdatum.

Die Feierlichkeiten zur Einheit begannen am frühen Abend des 2. Oktober zwischen Bebelplatz und Alexanderplatz mit einem Volksfest. Später fand im Schauspielhaus ein Festakt von DDR-Regierung und Volkskammer statt, bei dem auch Bundespräsident Richard von Weizsäcker, Bundeskanzler Helmut Kohl und EG-Kommissionspräsident Jacques Delors anwesend waren. In seiner Festrede erklärte Ministerpräsident Lothar de Maizière: »Wir werden ein Staat. In wenigen Augenblicken tritt die Deutsche Demokratische Republik der Bundesrepublik Deutschland bei. Damit erreichen wir Deutschen die Einheit in Freiheit. Es ist eine Stunde großer Freude, es ist das Ende mancher

*Festakt von DDR-Regierung und Volkskammer im Schauspielhaus zur Feier der deutschen Einheit, 2. Oktober 1990.*

Illusion, und es ist ein Abschied ohne Tränen.« Den musikalischen Rahmen des Festaktes gestaltete die Philharmonie Leipzig, die unter Leitung von Kurt Masur Ludwig van Beethovens *Neunte Sinfonie* darbot.

Die Festlichkeiten wurden am Reichstagsgebäude fortgesetzt, wo in der Nacht auf den 3. Oktober 1990 etwa eine Million Menschen die deutsche Einheit feierten. Am nächsten Vormittag fand in der Berliner Philharmonie der Staatsakt zur Feier der deutschen Einheit statt. In Würdigung der deutschen Einheit erklärte die bisherige Präsidentin der Volkskammer, Sabine Bergmann-Pohl: »Es ist der glücklichste Tag der Deutschen.« Und Bundespräsident Richard von Weizsäcker schloss seine Rede mit den Worten: »Und die Freude, wir haben es gestern Abend gehört, die Freude, die wir empfinden, sie ist ein Götterfunken.«

Schauspielhaus / Konzerthaus, Gendarmenmarkt, 10117 Berlin

# LITERATUR

Bahrmann, Hannes/Links, Christoph: Chronik der Wende. Die Ereignisse in der DDR zwischen 7. Oktober 1989 und 18. März 1990. Berlin 1999.

Baum, Karl-Heinz: Kein Indianerspiel. DDR-Reportagen eines Westjournalisten. Berlin 2017.

Becker, Peter von: Staatslüge und rechte Offenbarung, in: Der Tagesspiegel, 17. Oktober 2017.

Beier, Achim/Schwabe, Uwe (Hrsg.): »Wir haben nur die Straße«. Die Reden auf den Leipziger Montagsdemonstrationen 1989/90. Eine Dokumentation. Halle (Saale) 2016.

Bernhard, Henry: Rio Reiser in Ost-Berlin. In: https://www.mdr.de/damals/archiv/rioreiser100.html; Zugriff am 2. Januar 2019.

Biermann, Wolf: Interview bei der Besetzung der Stasi-Zentrale am 5. September 1990. In: https://www.mdr.de/damals/archiv/video89792.html; Zugriff am 8. Dezember 2018.

Birthler, Marianne: Halbes Land, ganzes Land, ganzes Leben. Erinnerungen. Berlin 2014.

Boeden, Susanne: Bericht bei der Veranstaltung »Wider den Schlaf der Vernunft« in der Erlöserkirche am 28. Oktober 1989. In: https://www.youtube.com/watch?v=zRiUSgp2h6o; Zugriff am 29. Dezember 2018.

Boysen, Jacqueline: Radio Glasnost. Das Westberliner Sprachrohr der DDR-Opposition. In: https://www.deutschlandfunk.de/radio-glasnost.724.de.html?dram:article_id=99558; Zugriff am 10. Dezember 2018.

Braun, Jutta/Schäbitz, Michael (Hrsg.): Von der Bühne auf die Straße. Theater und Friedliche Revolution in der DDR. Berlin 2016.

Brecht, Bertolt: Gesammelte Werke. Band 10: Gedichte 3. Frankfurt am Main 1982.

Bundeskanzler-Willy-Brandt-Stiftung (Hrsg.): Wächst zusammen, was zusammengehört? Berlin 2001.

Dieckmann, Christoph: Die Freiheit zu Besuch. In: https://www.zeit.de/2018/43/ddr-internationale-rockstars-konzerte-sed-staat; Zugriff am 2. Januar 2019.

Dowe, Dieter (Hrsg.): Von der Bürgerbewegung zur Partei. Die Gründung der Sozialdemokratie in der DDR. Bonn 1993

Dresdner Geschichtsverein (Hrsg.): »Wir treten aus unseren Rollen heraus.« Die Bürgerbewegung 1989/90 in Dresden. In: Dresdner Hefte. Beiträge zur Kulturgeschichte, H. 59, 17/1999.

Eckert, Rainer: Revolution in Potsdam. Eine Stadt zwischen Lethargie, Revolte und Freiheit (1989/1990). Leipzig 2017.

Eigenfeld, Frank: Interview. In: https://www.youtube.com/watch?v=FJ-Pf8_-8mQ; Zugriff am 12. Februar 2019.

Fuchs, Jürgen: Vernehmungsprotokolle: November '76 bis September '77. Reinbek 1978.

Fürnberg, Louis: Wanderer in den Morgen. Ein Gedichtkreis. Berlin 1952.

Gauck, Joachim: Nicht den Ängsten folgen, den Mut wählen. Denkstationen eines Bürgers. München 2013.

Grabner, Sigrid/Röder, Hendrik/Wernicke, Thomas (Hrsg.): Widerstand in Potsdam 1945–1989. Berlin 1999.

Grub, Frank Thomas: »Wende« und »Einheit« im Spiegel der deutschsprachigen Literatur. Ein Handbuch. Bd. 1: Untersuchungen. Berlin/New York 2003.

Gutmair, Ulrich: Die ersten Tage von Berlin. Der Sound der Wende. Berlin 2015.

Hanewinckel, Hans-Joachim: Interview. In: https://www.kulturfalter.de/magazin/ themenseiten/pfarrer-hanewinckel-interview-ueber-die-friedliche-revolution- die-wende-und-die-mahnwache-1989-in-der-ddr-in-halle/; Zugriff am 12. Februar 2019.

Havemann, Robert: Dialektik ohne Dogma? Naturwissenschaft und Weltanschauung. Reinbek 1964.

Heckmann-Jantz, Kirsten: Ein Leben im Visier der Staatssicherheit. In: https:// www.deutschlandfunk.de/ein-leben-im-visier-der-staatssicherheit.871.de. html?dram:article_id=125716; Zugriff am 27. Dezember 2018.

Hein, Christoph: Als Kind habe ich Stalin gesehen. Essais und Reden. Berlin 1990.

Heinisch, Michael: »Wir gehören auf die Straße«. In: http://revolution89.de/ausstel- lung/blog/fundstuecke/wir-gehoeren-auf-die-strasse-michael-heinisch-ueber- eine-demo-gegen-wahlbetrug-am-7-juni-1989/; Zugriff am 16. Dezember 2018.

Herbert, Ulrich: Geschichte Deutschlands im 20. Jahrhundert. München 2014.

Hermlin, Andrej: Happy Endzeitstimmung. In: http://www.taz.de/!5154834/; Zugriff am 31. Dezember 2018.

Hertle, Hans-Hermann/Stephan, Gerd-Rüdiger (Hrsg.): Das Ende der SED. Die letzten Tage des Zentralkomitees. Berlin 2013.

Hertle, Hans-Hermann: Die Berliner Mauer. Berlin [2]2015.

Jahn, Roland: Wir Angepassten. Überleben in der DDR. München 2014.

Jänicke, Christin/Paul-Siewert, Benjamin (Hrsg.): 30 Jahre Antifa in Ostdeutsch- land. Perspektiven auf eine eigenständige Bewegung. Münster 2017.

Janka, Walter: Schwierigkeiten mit der Wahrheit. Berlin/Weimar 1990.

Jesse, Eckhard/Schubert, Thomas (Hrsg.): Zwischen Konfrontation und Konzession. Friedliche Revolution und deutsche Einheit in Sachsen. Berlin 2010.

Kirche von Unten (Hrsg.): Wunder gibt es immer wieder. Fragmente zur Geschichte der Offenen Arbeit und der Kirche von Unten. Berlin 1997.

Klein, Thomas: »Frieden und Gerechtigkeit!« Die Politisierung der Unabhängigen Friedensbewegung in Ost-Berlin während der 80er Jahre. Köln 2007.

Klier, Freya: Matthias Domaschk und der Jenaer Widerstand. Leipzig [2]2011.

Kloth, Hans Michael: Vom »Zettelfalten« zum freien Wählen. Die Demokratisierung der DDR 1989/90 und die »Wahlfrage«. Berlin 2000.

Komitee für die Freilassung Rudolf Bahros (Hrsg.): Der Bahro Kongress. Aufzeichnungen, Berichte und Referate. Veröffentlichung der Protokolle. Berlin 1979.

Kowalczuk, Ilko-Sascha/Sello, Tom (Hrsg.): Für ein freies Land mit freien Menschen. Opposition und Widerstand in Biographien und Fotos. Berlin 2006.

Kowalczuk, Ilko-Sascha: 17. Juni 1953. Geschichte eines Aufstands. München 2013.

Kowalczuk, Ilko-Sascha: Endspiel. Die Revolution von 1989 in der DDR. München ²2009.

Kowalczuk, Ilko-Sascha (Hrsg.): Freiheit und Öffentlichkeit. Politischer Samisdat in der DDR 1985–1989. Berlin 2002.

Krahl, Toni: Toni Krahls Rocklegenden. Berlin 2016.

Küchenmeister, Daniel (Hrsg.): Honecker – Gorbatschow. Vieraugengespräche. Berlin 1993

Kühne, Alexander: Düsterbusch city lights. München 2016.

Kukutz, Irena: Chronik der Bürgerbewegung NEUES FORUM 1989–199. Berlin 2009.

Kunze, Thomas: Staatschef a. D. Die letzten Jahre des Erich Honecker. Berlin 2001.

Lenski, Katharina: Im Schweigekreis. Der Tod von Matthias Domaschk zwischen strafrechtlicher Aufarbeitung und offenen Fragen. In: Jörg Ganzenmüller (Hrsg.): Recht und Gerechtigkeit. Die strafrechtliche Aufarbeitung von Diktaturen in Europa. Köln/Weimar/Wien 2017, S. 131–169.

Lenz, Ilse (Hrsg.): Die Neue Frauenbewegung in Deutschland. Abschied vom kleinen Unterschied. Ausgewählte Quellen. Wiesbaden 2009.

Meckel, Markus: »Die Zukunft wurde neu gestaltet.« In: https://www.dw.com/de/markus-meckel-die-zukunft-wurde-neu-gestaltet/a-5526793; Zugriff am 6. Dezember 2018.

Mohr, Tim: Stirb nicht im Warteraum der Zukunft. Die ostdeutschen Punks und der Fall der Mauer. München 2017.

Müller, Ansgar, Interview. In: https://www.archiv-buergerbewegung.de/zeitzeugen/47-mueller-ansgar; Zugriff am 28. Januar 2019.

Neubert, Ehrhart/ Auerbach, Thomas: »Es kann anders werden«. Opposition und Widerstand in Thüringen 1945–1989. Köln/Weimar/Wien 2005.

Neubert, Ehrhart: Geschichte der Opposition in der DDR 1949–1989. Berlin 1997.

Neubert, Ehrhart: Unsere Revolution. Die Geschichte der Jahre 1989/90. München 22009.

Opitz, Michael/Hofmann, Michael (Hrsg.): Metzler Lexikon DDR-Literatur. Autoren – Institutionen – Debatten. Stuttgart/Weimar 2009.

Plato, Alexander von: Die Vereinigung Deutschlands – ein weltpolitisches Machtspiel. Berlin 2002.

Pöhl, Karl Otto: »Der Kurs beim Umtausch war verhängnisvoll.« In: https://www.welt.de/print-wams/article115077/Karl-Otto-Poehl-ist-ueberzeugt-Der-Kurs-beim-Umtausch-war-verhaengnisvoll.html; Zugriff am 7. Dezember 2018.

Poppe, Ulrike/Eckert, Rainer/Kowalczuk, Ilko-Sascha (Hrsg.): Zwischen Selbstbehauptung und Anpassung. Formen des Widerstandes und der Opposition in der DDR. Berlin 1995.

Poppe, Ulrike: Die Bürgerbewegung und die Sicherung der Archive, in: Dagmar Unverhau (Hrsg.): Das Stasi-Unterlagen-Gesetz im Lichte von Datenschutz und Archivgesetzgebung. Münster 22003, S. 31–41.

Poppe, Ulrike: Interview. In: https://www.geschichte-menschenrechte.de/personen/ulrike-poppe/; Zugriff am 28. Dezember 2018.

Praschl, Gerald: Roland Jahn. Ein Rebell als Behördenchef. Berlin 2011.

Reinecke, Stefan/Semler, Christian: Der Anfang vom Ende der DDR. Gefälschte Kommunalwahl 1989. In: http://taz.de/Archiv-Suche/!5163548&s=S.%2BReinecke/; Zugriff am 14. Dezember 2018.

Reiser, Rio: Der Traum ist aus. Live in der Werner-Seelenbinder-Halle. In: https://www.youtube.com/watch?v=buiArMiXE2g; Zugriff am 2. Januar 2019.

Rex, Sven: Eine weitgehende Erfolgsgeschichte. Zehn Jahre Währungsunion. In: https://www.deutschlandfunk.de/eine-weitgehende-erfolgsgeschichte.724.de.html?dram:article_id=97184; Zugriff am 7. Dezember 2018.

Richter, Edelbert: Christentum und Demokratie in Deutschland. Beiträge zur geistigen Vorbereitung der Wende in der DDR. Leipzig/Weimer 1991.

Richter, Michael: Die Friedliche Revolution. Aufbruch zur Demokratie in Sachsen 1989/90. 2 Bde. Göttingen ²2010.

Richter, Michael/Sobeslavsky, Erich: Die Gruppe der 20. Gesellschaftlicher Aufbruch und politische Opposition in Dresden 1989/90. Köln/Weimar/Wien 1999.

Röder, Bettina: Biete »Sputnik«, suche »Kirche«. In: https://www.domradio.de/nachrichten/2008-10-10/vor-20-jahren-demonstrierten-ddr-buerger-ost-berlin-gegen-die-zensur-ihrer-kirchenzeitung; Zugriff am 17. Dezember 1988.

Rüchel, Uta/Klähn, Maria: »... aber wir hatten einen Traum«. Das Neue Forum in Schwerin 1989–1994. Schwerin 2009.

Rüddenklau, Wolfgang: Störenfried. DDR-Opposition 1986–1989. Mit Texten aus den »Umweltblättern«. Berlin 1992.

Scheer, Udo: Wir kommen wieder! Plauen 89. Eine Stadt demonstriert sich nach Deutschland. Halle (Saale) 2015.

Schriftstellerverband der Deutschen Demokratischen Republik (Hrsg.): X. Schriftstellerkongress der Deutschen Demokratischen Republik. Plenum. Berlin 1988.

Sontheimer, Michael/Wensierski, Peter: Berlin – Stadt der Revolte. Berlin 2018.

Süß, Walter: Staatssicherheit am Ende. Warum es den Mächtigen nicht gelang, 1989 eine Revolution zu verhindern. Berlin ²1999.

Sylvester, Regine: SED-Zentralkomitee. »Hier wird unsere Partei beleidigt!«, in: Die Zeit, 10. Dezember 2015.

Timmer, Karsten: Vom Aufbruch zum Umbruch. Die Bürgerbewegung in der DDR 1989. Göttingen 2000.

Wagner, Patrick (Hrsg.): Schritte zur Freiheit. Die friedliche Revolution 1989/90 in Halle an der Saale. Halle (Saale) 2009.

Weiß, Peter Ulrich/Braun, Jutta: Im Riss zweier Epochen. Potsdam in den 1980er und frühen 1990er Jahren. Berlin 2017.

Wensierski, Peter: Die unheimliche Leichtigkeit der Revolution. Wie eine Gruppe junger Leipziger die Rebellion in der DDR wagte. München 2017.

Wensierski, Peter: Fenster zur Freiheit. Die radix-blätter. Untergrundverlag und -druckerei der DDR-Opposition. Halle (Saale) 2019.

Wiedemeier, Juliane: Die chinesische Lösung. In: https://www.prenzlauerberg-nachrichten.de/2014/06/04/die-chinesische-loesung/; Zugriff am 18. Dezember 2018.

Wolff, Friedrich: Verlorene Prozesse. Meine Verteidigungen in politischen Verfahren 1952–2003. Berlin [2]2009.

Wolfrum, Edgar: Die Mauer. Geschichte einer Teilung. München 2009.

Wolle, Stefan: Die DDR. Eine Geschichte von der Gründung bis zum Untergang. Bonn 2015.

# ABKÜRZUNGEN

| | |
|---|---|
| ADN | Allgemeiner Deutscher Nachrichtendienst |
| AfNS | Amt für Nationale Sicherheit |
| AKSK | Arbeitskreis Solidarische Kirche |
| Antifa | Antifaschistische Aktion |
| ARD | Arbeitsgemeinschaft der öffentlich-rechtlichen Rundfunkanstalten der Bundesrepublik Deutschland |
| BRD | Bundesrepublik Deutschland |
| BStU | Der Bundesbeauftragte für die Unterlagen des Staatssicherheitsdienstes der ehemaligen Deutschen Demokratischen Republik |
| CBS | Columbia Broadcasting System |
| CDU | Christlich Demokratische Union Deutschlands |
| ČSSR | Tschechoslowakische Sozialistische Republik |
| DA | Demokratischer Aufbruch |
| DDR | Deutsche Demokratische Republik |
| DJ | Demokratie Jetzt |
| D-Mark | Deutsche Mark |
| DPA | Deutsche Presse-Agentur |
| DSF | Gesellschaft für Deutsch-Sowjetische Freundschaft |
| DSU | Deutsche Soziale Union |
| EG | Europäische Gemeinschaft |
| EOS | Erweiterte Oberschule |
| ESG | Evangelische Studentengemeinde |

| | |
|---|---|
| FDGB | Freier Deutscher Gewerkschaftsbund |
| FDJ | Freie Deutsche Jugend |
| FDP | Freie Demokratische Partei |
| FU Berlin | Freie Universität Berlin |
| GG | Grundgesetz |
| GL | Grüne Liga |
| GP | Grüne Partei |
| IFM | Initiative Frieden und Menschenrechte |
| IG Metall | Industriegewerkschaft Metall |
| IM | Inoffizieller Mitarbeiter |
| KG | Kampfgruppen |
| KJVD | Kommunistischer Jugendverband Deutschlands |
| KoKo | Kommerzielle Koordinierung |
| KP | Kommunistische Partei |
| KPD | Kommunistische Partei Deutschlands |
| KPdSU | Kommunistische Partei der Sowjetunion |
| KSZE | Konferenz über Sicherheit und Zusammenarbeit in Europa |
| KvU | Kirche von Unten |
| LDPD | Liberal-Demokratische Partei Deutschlands |
| MfS | Ministerium für Staatssicherheit |
| NATO | North Atlantic Treaty Organization |
| NF | Neues Forum |
| NVA | Nationale Volksarmee |
| PLO | Palestine Liberation Organization |
| RAF | Rote Armee Fraktion |
| RIAS | Rundfunk im amerikanischen Sektor |
| SBZ | Sowjetische Besatzungszone |
| SDP | Sozialdemokratische Partei in der DDR |
| SED | Sozialistische Einheitspartei Deutschlands |
| SFB | Sender Freies Berlin |
| SPD | Sozialdemokratische Partei Deutschlands |
| TU Berlin | Technische Universität Berlin |
| UB | Umwelt-Bibliothek |
| UdSSR | Union der Sozialistischen Sowjetrepubliken |
| UFV | Unabhängiger Frauenverband |
| USA | United States of America |
| VEB | Volkseigener Betrieb |
| VL | Vereinigte Linke |
| VP | Volkspolizei |
| VR | Volksrepublik |
| WDR | Westdeutsche Rundfunk |
| ZDF | Zweites Deutsches Fernsehen |
| ZK | Zentralkomitee |

# BILDNACHWEIS

AdsD/Friedrich-Ebert-Stiftung  S. 89

akg images  S. 11

akg-images/picture-alliance/dpa  S. 85

Archiv Bürgerbewegung Leipzig e. V.  S. 61, 71 (Armin Wiech)

bpk  S. 59 (Volker Döring), 63 (Bundesstiftung Aufarbeitung/Klaus Mehner),
    107 (Klaus Lehnartz)

BStU  S. 81

Bundesarchiv  S. 20 (Bild 183-1989-1023-022, Friedrich Gahlbeck),
    65 (Bild 183-1987-0130-314), 113 (Bild 183-1989-1207-026),
    117 (Bild 183-1990-1002-421), Umschlagvorderseite unten (B 145 Bild00014229,
    Liebe)

Evangelische Kirchengemeinde Naumburg (Saale)  S. 41

Gießler, Andreas  S. 109

imago images/Seeliger  S. 97

Ingo Juchler  S. 37

Kiesewetter, Frank  S. 47

Kinder- und Jugendclub Maxim  S. 75

Mehlis, Roger  S. 25

Müller, Anna  S. 45

picture-alliance/ZB  S. 93

Rainer Wolf  S. 27

Robert-Havemann-Gesellschaft  S. 15 (Bernd Weu), 29 (Rolf Walter),
    31 (Manfred Hildebrandt), 33 (Bernd Weu), 35 (Bernd Albrecht),
    39 (Werner Fischer), 43 (Rolf Walter), 49 (Bernd Weu), 51 (Siegbert Schefke),
    55 (Bernhard Freutel), 57, 73 (Hanno Schmidt), 83, 95 (Adam Radomski),
    99 (Andreas Kämper), 101 (Andreas Kämper), 103 (Andreas Kämper),
    115 (Christian Thiel)

Tessarczyk, Gunnar  S. 87

ullstein bild  S. 67 (Klaus Mehner), 111 (Christian Günther)

ullstein bild/AP  S. 69

ullstein bild/Zentralbild/Ulrich Hässler  S. 91, Umschlagvorderseite oben

Verlagsarchiv  S. 77

Wikimedia Commons  S. 53 (Udo Unkelbach), 79 (Z_thomas)

# DER AUTOR

Ingo Juchler, geboren 1962 in Mannheim, studierte Politikwissenschaft, Germanistik, Geschichte und Erziehungswissenschaft an den Universitäten Trier und Marburg. Nach Lehrtätigkeiten an der PH Weingarten sowie den Universitäten Augsburg und Göttingen ist er seit 2010 Professor für Politische Bildung an der Universität Potsdam. Juchler beschäftigt sich intensiv mit der politischen Geschichte Berlins. Von 2010 bis 2018 war er Mitglied des Wissenschaftlichen Beirates der Bundeszentrale für politische Bildung. Zuletzt erschien von ihm das Buch »1918/19 in Berlin«.

# DANKSAGUNG

Für ihre Gesprächsbereitschaft, ihre Darstellung der Ereignisse um die Friedliche Revolution in der DDR aus der Akteursperspektive und das Zurverfügungstellen von Materialien bin ich Frank Ebert (Berlin), Rainer Eppelmann (Berlin), Roland Jahn (Berlin), Dr. Edelbert Richter (Weimar), Martin Klähn (Schwerin), Freya Klier (Berlin), Thomas Krüger (Berlin), Alexander Kühne (Berlin), Paul Landers (Berlin), Gesine Oltmanns (Leipzig), Ulrike Poppe (Berlin), Tom Sello (Berlin), Uwe Schwabe (Leipzig) und Hasko Weber (Weimar) sehr verbunden.

Weiterhin danke ich herzlich Sema Binia (Berliner Geschichtswerkstatt), Prof. Dr. Rainer Eckert (Berlin), Dr. Kerstin Hinrichs (Humboldt-Universität zu Berlin) und Dr. Ilko-Sascha Kowalczuk (BStU, Berlin) für ihre informativen Ausführungen. Dank gebührt schließlich auch den Mitarbeiterinnen und Mitarbeitern der Robert-Havemann-Gesellschaft und des Thüringer Archivs für Zeitgeschichte »Matthias Domaschk« für ihre Unterstützung.

Sebastian Ihle (Universität Potsdam) danke ich für die kritische Durchsicht des Manuskripts.

# PERSONENREGISTER